KB202997

본회퍼의 시편 명상

디트리히 본회퍼(1906~1945)

디트리히 본회퍼는 독일 프로이센 브레슬라우에서 신경
의학 교수인 칼 본회퍼의 여섯째 아들로 출생하였다.
튀빙겐대학 베를린대학에서 신학을 공부하고 미국 유학
후 목사가 되었다.
1931년 베를린 공과대학의 강사가 되어 나치스가 정권을
잡은 뒤에도 반(反)나치스의 자세를 고수히였으며, 1935년
나치가 제정한 법률을 위반하여 비합법적 포교활동을
하였다하여 교수자격이 박탈되었다.
제2차 세계대전이 일어나기 직전에 강연여행 중이던
미국에서 귀국하였고, 그리스도를 본받아 순명의 길을
실천하기 위해 결국에는 히틀러 총통의 암살음모에 가
담하였으나 비밀경찰의 정보망에 포착되어 체포된 후
프로이센부르그의 포로수용소에서 처형당했다.

본회퍼의 시편 명상

초판 1쇄 / 2004년 6월 20일
초판 4쇄 / 2021년 7월 20일
지은이 / 디트리히 본회퍼
옮긴이 / 김 찬 종
펴낸곳 / 열린서원
펴낸이 / 이 명 권

주　소　　서울특별시 종로구 창덕궁길 117, 102호
전　화　　010-2128-1215
팩　스　　02) 6499-2363
전자우편　imkkorea@hanmail.net
등록번호　제300-2015-130호

값 10,000원　ISBN 89-951625-5-4

※ 잘못 만들어진 책은 구입한 곳에서 교환해 드립니다.
※ 이 도서에 국립중앙도서관 출판사 도서목록은
　　e-CRP홈페이지(http://www.nl.go.kr/ecip)에서 이용하실 수 있습니다.

죽음으로 나치 정권에 항거했던 목회자

본회퍼의 시편 명상

디트리히 본회퍼 지음
데이비드 그레이시 영역
김찬종 옮김

열린서원

✳

목차

서론 : 우리는 하나님의 말씀없이는 살 수 없다

I 명상이란 무엇인가?

II 시편 설교

III 시편 119편에 대한 명상

✻

서 론

우리는 하나님의 말씀 없이는 살 수 없다

시편 기자는 "주의 말씀은 내 발에 등이요 내 길에 빛이니이다"(119:105) 라고 하나님의 말씀을 찬양하였다. 그러나 대부분의 경우에 성경은 책장 속에 꽂아 놓았다가 이따금씩 역사적·문학적 호기심에서나 펼쳐 보는 책이다. 그럼에도 불구하고 성육화된 말씀의 종교인 그리스도교에 있어서, 하나님의 말씀을 살아 있는 말씀으로 만드는 것은 그 말씀을 듣고 행하여 온 사람들의 생생한 증언이며, 디트리히 본회퍼 목사는 확실히 그러한 증언자들 가운데 한 사람이다. 하나님의 말씀에 대한 그의 심오한 명상은 말씀의 빛이 우리의 길을 환히 비춰 주도록 훌륭한 길잡이 역할을 해 주리라 믿는다.

성경의 영감에 관하여는 여러 세기에 걸쳐 수많은 논쟁이 계속되어 왔다. 성경은 어떠한 점에서 거룩한 책이며 누가 그것을 그렇게 만들었는가? 이 문제와 관련하여 나는 "영감은 그것이 과연 우리에게 어떠한 영감을 불러 일으키느냐에 의해 평가된다"는 어느 유대 철학자의 격언을 좋아한다. 그 철학자는 그 자신이 말씀의 교사였던 엠마뉴엘 레비나스이다. 그는 "다른 사람들을 위한 존재"로서 그리스도를 가르쳤던 루터교 목사 본회퍼가 그랬던 것처럼, 하나님의 계명을 "다른 사람들을 위한 삶"으로 인도하는 거룩한 가르침으로 이해하였다.

1945년 4월 9일(주일), 본회퍼는 아돌프 히틀러 암살 계획에 연루되어 나치에 의해 사형이 집행되기 직전, 자신과 함께 투옥되어 있던 수감자들을 위하여 조촐한 기도모임을 인도하였다. 이 주일 기도모임에서 그는 "그가 채찍에 맞음으로 우리가 나음을 입었도다"라는 이사야 53장 5절의 말씀을 설교했다. 결국 본회퍼는 자신의 죽음으로 이 말씀의 의미를 가르쳤던 것이니, 그의 죽음은 후대 그리스도인들이 유럽의 유대인 박해 및 학살과 관련하여 교회의 역할과 입장을 재정립함에 있어서 근본적인 치유의 원천이 되었던 것이다.

"그(본회퍼)는 자신의 삶을 하나님의 말씀을 위하여 바쳤으며 자신의 죽음을 통해 그 말씀을 가르쳤다." 이 묘비문은 본회퍼가 옥중에서 쓰고 있었던 소설 가운데에서 따온 것으로 저자 자신에게 가장 적절한 표현이라고 할 수 있다. 이 소설에서, 그는 한 여인이 주일 예배 설교에 크게 실망한 나머지 자리를 박차고 나가버리는 장면을 묘사한다. 그 여인은 말씀에 대한 가르침과 설교가 죽어가는 독일의 상황을 반영한다.

독실한 성도였던 그녀의 가족들은 하나님의 말씀에서 떠나버렸고, 그것은 조만간 그들의 삶이 완전히 혼란에 빠질 것임을 의미했다..... 그것은 당신의 말씀을 거두어 들이심으로써 이 세대를 심판하시려는 하나님의 뜻인가? 그러나 비록 그러하다 할지라도..... 하나님은, 자신들을 축복해 주시기까지는 결코 당신을 놓지 않으려고 하는, 당신의 말씀을 붙들고 이같은 심판을 거부하는 사람들을 원하신다.[1]

1938년 11월 7-8일 밤, 나중에 '크리스탈나하트'*로 알려지게 된 그 어두운 밤에, 독일의 도시 곳곳에서 유대인들이 습격을 받아 살해되고 그들의 회당과 생존수단들이 약탈되고 불태워졌다. 히틀러의 홍보관 괴벨스는 당시의 상황을 자신의 일기에 이렇게 적었다. "내가 호텔방으로 돌아왔을 때 유대인 상점의 유리창들이 박살나는 소리가 들렸다. 브라보! 브라보! 유대교 회당들은 낡아빠진 큰 오두막처럼 불타 쓰러지고 있었다."

본회퍼의 친구이자 전기 작가인 에버하르트 베트케는 본회퍼가 어떻게 자신의 성경을 '크리스탈나하트'의 일기로

---

*Kristallnacht, 독일인에 의한 유대인 박해가 시작된 밤−옮긴이 주

사용했는지 말해 준다. 본회퍼가 일상적인 명상 자료로 사용한 성경에는 다음과 같은 말씀이 적힌 시편 74편 8절 여백에 '9-11-38'(1938년 11월 9일)이라는 숫자가 적혀 있다. "저희의 마음에 이르기를 '우리가 그것을 진멸하자' 하고 이 땅에 있는 하나님의 모든 회당을 불살랐나이다." 또한 이어지는 9절 전체에 짙은 밑줄이 그어져 있으며, 그 말미에 감탄부호가 찍혀져 있다. "우리의 표적이 보이지 아니하며 선지자도 다시 없으며 이런 일이 얼마나 오랠는지 우리 중에 아는 자도 없나이다."[2]

이처럼 시편 말씀을 읽고 그것을 목전의 현실에 적용하고, 나아가 그 현실을 위해 기도한다는 것은 매우 경탄할 만한 일이다. 우리는 본회퍼가 시편은 기도를 위한 말씀—그리스도와 함께 기도하기 위한 말씀—이라고 가르쳤다는 사실에 주목할 필요가 있다. 본회퍼는 그리스도께 기도하는 사람들이 박해받는 "가장 나약하고 무방비 상태의 형제들"(그는 독일의 유대인들을 이렇게 불렀다) 편에 서서 그리스도와 함께 기도하여야 한다고 믿었다.

며칠 후, 본회퍼는 고백교회의 목회자들에게 보낸 회람 서신에서 다음과 같이 기술하였다. "저는 시편 74편과 스가랴서 2장 8절, 그리고 로마서 9장 4절 이하와 11장 11-15절 말씀에 대하여 많은 생각을 하고 있습니다. 이 말씀들은 우리로 하여금 최근의 사태에 대하여 진지한 자세로 기도하게 해 줍니다." 그는 목회자들이 이 말씀들을 묵상하기를 원했고, 특히 스가랴서 2장 8절("무릇 너희를 범하는 자는 그의 눈동자를 범하는 것이라")을 통해 당신의 백성 이스라엘에 대한 하나님의 뜻이 무엇인지에 주목하기를 원했다.⁵⁾

디트리히 본회퍼의 이같은 성경 말씀에 대한 명상으로부터 얻게 되는 첫 번째 교훈은, 성경을 일상적으로 읽고 묵상함으로써 우리가 정치적·사회적 현실에 대응하는 자세에 좀더 바람직한 변화가 일어날 수 있다는 것이다. 바꾸어 말하자면, 성경 말씀은 우리 자신의 체험을 하나님의 구원의 역사에 접목시켜 준다는 것이다. 본회퍼의 본보기를 염두에 두면서, 나는 온두라스의 메사 그란데 난민촌으로부터 귀향길에 오른 살바도르 전쟁 난민들에게서 성경 말씀을 너무나도 생생하게 듣고 배우는 모습을 목격할 수 있었다. 그들의 예배에서는 고향으로부터의 추방과 귀향에 관한 모든 이야기가 실린 성경이 살아 있는 말씀으로 생생하게 와 닿고 있었다. 산 살바도르 출신의 감독교회 사제인 파드레 세란노는 이집트로부터의 '거룩한 가족'의 귀환에 관한 누가복음의 이야기로 성찬 설교를 시작했다. 그는 이 가난하지만 거룩한 가족의 귀환은 그들의 헤롯이 아직도 왕좌에 있다는 사실만 성경과 다를 뿐이라고 했다.

내가 전쟁으로 파괴된 엘 살바도르의 난민들과 우정과 형제애를 나누며 함께 읽은 성경 본문은 다음과 같은 것이었다.

이제 그의 거룩한 사도들과 선지자들에게 성령으로 나타내신 것 같이 다른 세대에서는 사람의 아들들에게 알게 하지 아니하셨으니 이는 이방인들이 복음으로 말미암아 그리스도 예수 안에서 함께 후사가 되고 함께 지체가 되고 함께 약속에 참예하는 자가 됨이라. 이 복음을 위하여 그의 능력이 역사하시는 대로 내게 주신 하나님의 은혜의 선물을 따라 내가 일꾼이 되었노라 (에베소서 3: 5-7).

스페인어로 읽혀지는 이 말씀을 들으면서 나는 '이방인들'이라는 말을 '가난한 사람들' 이라는 말로 받아들였고, 만약에 이들 난민들과 중앙 아메리카의 모든 가난한 난민촌 사람들이 연합하여 우리와 함께 후사가 된다면 그것이 무엇을 의미하는지 자문하였다.

하나님의 말씀에 대한 우리의 주체적 반응을 가르친 본회퍼의 입장으로 되돌아가서, 우리는 주어진 정치적·사회적 상황에서 우리에게 들려 오는 하나님의 말씀을 경청하고 순종할 줄 알아야 할 것이다. 본회퍼의 신학자로서의 위대성은 율법 안에서 복음을 발견하는, 혹은 순종 안에서 자유를 발견하는 능력에 있었다.

본회퍼는 "유대인을 위하여 울며 기도해 본 사람만이 그레고리안 영창을 부를 수 있다"고 했다.[4] 만약에 그가 지금 살아 있다면, 오직 가난한 사람들 편에 서는 사람만이 하나님의 말씀에서 오는 위로를 알 수 있으리라고 말할 것이다. 여기서 우리는 "사람이 이 바다에서 저 바다까지 북에서 동까지 비틀거리며 여호와의 말씀을 구하려고 달려 왕래하되 얻지 못하리니....."(아모스 8:12)라는 예언자 아모스의 말을 음미해 볼 필요가 있다.

✳

마음 속에 새겨진 말씀

본회퍼는 한 친구에게 보낸 편지에서 "하나님의 마음은 그분의 말씀 속에서 우리를 향해 활짝 열려 있다"고 했다. 그는 하나님의 말씀이 우리의 마음 가운데 자리잡아야 한다고 믿었다. 그리고 날마다 성경을 읽고 기도함으로써 하나님의 말씀을 예수께서 직접 들려 주시는 '불타는 말씀'으로 받아들였고, 성경과의 긴밀한 관계 속에서 그것을 '하나님이 보내 주신 사랑의 편지'로 읽었다.[5]

이 책 말미의 '시편 119편에 대한 명상'에서, 본회퍼는 11

절을 해설하며 다음과 같이 기술하고 있다.

> 나는 머리가 아니라 가슴으로 하나님의 말씀을 소중하게 받아들이곤 한다. 그분의 말씀은 나의 지성으로 분석해야 할 어떤 것이 아니라 마음 속 깊은 곳에 간직한 채 숙고해야 할 어떤 것이다..... 그러므로 단순히 하나님의 말씀을 읽었다는 것만으로는 충분치 않다. 그 말씀은 지성소 안의 거룩한 것들 중 가장 거룩한 것처럼 우리의 내면 깊숙이 파고 들어와 우리의 마음 속에 아로새겨져야 한다. 그래야만 우리가 생각이나 말이나 행동으로 죄를 짓는 일이 없게 된다.

본회퍼가 히틀러 치하에서 마지막으로 발행 허가를 받을 수 있었던 소책자 〈시편:성경의 기도서〉는 시편 119편을 다루고 있다. 나는 그것이 성경의 다른 구절들을 읽는 데에도 훌륭한 지침이 되리라 믿는다.

> 시편 119편은 그 길이와 균일성 때문에 다소 특이하게 느껴질 것이다. 하지만 매우 느리고 고요하며 참을성 있게 전개되는 단어와 단어, 문장과 문장이 오히려 우리에게 안정감을 느끼게 해 준다. 그리고 반복되는 표현들이 오로지 하나의 주제-하나님의 말씀에 대한 사랑-에 약간의 새로운 변화를 준 것들임을 알 수 있다. 이 사랑이 결코 끝날 수 없는 것처럼, 그 사랑을 고백하는 언어들도 결코 끝날 수 없을 것이다. 그 언어들은 평생 동안 우리와 함께하면서, 어린이의 기도, 성인의 기도, 노인의 기도가 된다.[6]

규칙적으로 성경을 읽으면서 명상하는 것은 본회퍼가 젊은 신학도로서 그리스도인이 되었을 때부터 해 온 일이었다. 실제로, 그에게는 "그리스도인이 된다는 것"이 우리를 향한 하나님의 사랑의 메시지가 곧 성경임을 깨닫는 것이었다. 앞에서 소개한 여러 성경 본문들과 함께 본회퍼의 전기를 읽다 보면, 야고보서의 말씀이 그의 영성을 가장 적절하게 기술하고 있다는 생각이 든다. 그는 자신의 영혼을 구원할 수 있는 하나님의 말씀을 순종하는 마음으로 받아들였다.

본회퍼는 날마다-실제로는 거의 매 순간마다-하나님의 말씀을 받아들였고, 그의 마음 속에 간직된 성경 본문들과 단어들을 소중하게 숙고하고 있었다. 그에게는 하나님의 말씀을 이런 식으로 읽고 명상하는 일이 회중들에게 선포되는 말씀을 듣는 것과는 전혀 다른 차원에서 놀라운 은총의 수단이 되었다.

그것은 또한 '시편 119편에 대한 명상'이 분명히 밝혀 주듯이, 그의 삶에 대한 하나님의 뜻을 깨닫게 되는 결정적인 계기가 되었다. 그 본문에서는 하나님의 말씀이 '토라', 즉 당신을 따르는 사람들을 위한 하나님의 인도하심으로 이해되고 있다. 한편, 야고보는 하나님의 말씀은 단순히 듣는 데서 그쳐서는 아니되고, 듣고 행하여야 한다고 가르치고 있다.

끝으로, 성경 말씀을 명상하며 읽는 습관은 본회퍼를 기도하는 사람으로 만들어 주었다. 그에게는 성경이 우리가 하나님의 언어를 배우고, "하나님이 하시는 말씀을 따라하면서 그분께 기도하기 시작하는" 기도의 배움터였다. 그는 각 단어와 문구의 가치를 강조했으며, "하나님께로부터 온 단어들은 하나님께로 향하는 길을 발견할 수 있는 디딤돌이다" 라는 맥락에서 단어에서 단어로의 느린 이동을 거듭 강조하였다.[7]

나는 본회퍼의 명상적 성경 읽기에 대하여 더 이상 설명이나 부연을 하지 않을 것이며, 직접 그 자신의 언어 속으로 여러분을 초대할 것이다. 나는 이것이 성경 말씀을 읽고, 배우고, 기도하고, 설교하려는 사람들에게 큰 도움이 되리라 믿는다.

하지만 여기에 제시된 자료들 가운데에는 비교적 세련되지 못하고 단편적인 것들이 있다. '시편 119편에 대한 명상' 에서는 단지 21절까지만 다루어져 있을 뿐이고, 50편에 대하여는 설교 요지만이 제시되어 있다. 여기에 수록된 설교, 편지, 가르침들은 후대를 위해서라기보다는 그 때 그 때의 특수한 사정에 따라 쓰어진 것들이다. 하지만 그것들의 실제적이며 단편적인 특성 때문에 우리에게 오히려 더 많은 도움이 될 수도 있을 것이다.

〈함께하는 삶〉(Life Together)이라는 본회퍼의 저서에서, 우리는 그가 좀더 완벽하게 제시한 명상과 기도의 방법을 발견하게 된다. 이 아름다운 책은 우리 모두가 반드시 읽어야 할 책이다. 하지만 공동체의 삶을 위한 그의 가르침들은 우리에게 너무나 완벽하고 이상에 치우친 것처럼 보인다. 이 책을 쓰면서 그가 염두에 두었던 독일 고백교회의 성직 수입 후보자들의 공동체는 오늘날 더 이상 존재하지 않는다.

그럼에도 불구하고 이 미완성 작품을 검토함으로써 우리는 우리 자신의 삶과 예배의 부러진 조각들을 바로 맞출 수 있는 통찰력과 단서를 얻게 될지도 모른다. 문제는 본회퍼 자신이 아니라, 그가 당대에 그랬던 것처럼 오늘날 우리가 우리 시대에 있어서 하나님의 말씀을 "받들어 읽어야" 한다는 것이다. 성 어거스틴에게 하나님이 내리신 명령-"받들어 읽으라"-은 시대를 초월하여 모든 그리스도인들에게 내리신 명령이었다. 이 명령에 목회자이자 교사이자 정치 활동가로서 디트리히 본회퍼가 어떻게 순종했는지를 살펴보는 것은 우리도 그처럼 살아 갈 수 있는 좋은 계기가 되리라 믿는다.

✳

시편 119편

나는 본회퍼가 시편에 기초하여 쓴 거의 모든 글들이 그와 하나님의 말씀과의 관계를 이해하는 데 많은 도움이 되리라

본다. 1938년 그로스 슐론비츠에서 본회퍼의 제자였던 한스 베르너 옌젠은 시편의 중요성을 지적하면서 다음과 같이 회고하고 있다.

> 본회퍼가 매일 매일의 명상을 신학도의 가장 중심적인 과제들 가운데 하나로 보았다는 것은 오늘날 주지의 사실이다. 시편은 절대적으로 그러한 명상의 핵심적인 부분이었다. 나는 그로스 슐론비츠에서, 광야에서 방황하는 하나님의 백성들-교회-의 기도로서 시편의 의미를 새롭게 깨닫게 되었다. 나는 나중에 게슈타포 감옥에서도 명상을 실천할 수 있었기에 그것을 신학교에서 배운 것이 다행스럽게 생각되었다. 그로스 슐론비츠 시절부터 지금까지 나의 성경에는 여러 가지 표시들이 되어 있는데, 특히 1938년 11월 10일의 '크리스탈나하트'는 시편 74편 7절("주의 성소를 불 사르며 주의 이름이 계신 곳을 더럽혀 땅에 엎었나이다")에 표시되어 있다.[8]

그러나 모든 시편들 가운데서도 본회퍼의 시선을 가장 집중적으로 받았던 시편은 119편이었다. 베트게는 1938년의 한 기간을 다음과 같이 기술한다. "이 기간 중 본회퍼는 신학 작업에 집중적으로 몰입할 수 있었다. 결국 그는 시편 119편에 대한 명상으로 많은 진전을 거둔 것 같았다. 지금까지 그는 대학에서 시편 119편이야말로 모든 시편들 중에 가장 지루한 시편이라고 배워 왔다. 하지만 이제 그는 시편 119편의 해석을 자신의 신학적 삶의 절정으로 보고 있었다. 그는 그 구절들의 의미를 이해하고자 이미 수년 간에 걸쳐 노력해 온 터였다."⁹⁾

'시편 119편에 대한 명상'은 전기적인 관점에서도 매우 중요한 의미를 띤다. 베트케는 다음과 같이 기술하고 있다.

친구들은 나중에 가서야 본회퍼에게 장차 일어날 일들을 암시한 글들-예를 들어 '시편 119편에 대한 명상'-을 이해하게 되었다. 후일 그들은 1939년 2월 4일 본회퍼의 33번째 생일에 나누었던 대화를 회상하였다. 그 날 본회퍼는 비록 목회자라 할지라도 정치적 자유를 위하여 목숨을 거는 것은 매우 보람된 일이 되리라고 말했다.¹⁰⁾

그 말은 1절("행위에 완전하여 여호와의 법에 행하는 자가 복이 있음이여")에 대한 그의 주석에 직결된다.

아마도 하나님은 그리스도를 위한 고난의 잔을 누군가에게 주실 것이다. 이 때 하나님은 반드시 새롭고 굳센 믿음을 가질 수 있도록 미리 그 사람의 마음을 예비하실 것이다. "여호와의 법에 행하는 자가 복이 있음이여!"

나는 앞에서 〈시편: 성경의 기도서〉에 실린, 이 시편을 읽기 위한 본회퍼의 가르침들을 소개한 바 있다. 그 책에 실린 내용들은 어떠한 상황에서든 성경 말씀에 대한 명상에 적절하게 적용할 만한 것들이다. 그 책의 제목이 가리키듯이, 본회퍼는 시편을 교회의 기도서로서 인식하였다. 그러나 그러한 인식에는 여러 가지 문제가 뒤따랐다. 죄를 지은 사람들이 어떻게 결백의 시편(5, 7, 9편)으로 기도할 수 있겠는가? 그리스도인으로서 어떻게 복수의 시편(54, 55, 58편)으로 기도할 수 있겠는가? 사소한 고통을 받은 사람들이 어떻게 엄청난 고통을 받은 사람들의 시편(13, 31, 35편)으로 기도할 수 있겠는가? 그는 시편들을 그리스도의 기도로서 이해함으로써 이같은 문제들을 해결하였다. 이 시편에서 기도하는 사람은 우리를 위하여 고난받은 결백한 분이시다. 우리도 기도하기는 하되, "우리 자신의 이름이 아니라 예수 그리스도의 이름으로, 그리고 그분이 우리 안에 거하시는 상태에서 기도한다."[11]

앞으로 시편 58편에 대한 본회퍼의 설교에서 보게 되겠지만, 이같은 개념은 좀더 복잡한 양상을 띨 수도 있다. 이 시편 속의 원수들에 대한 복수는 십자가에 달린 그리스도를 통해 하나님 자신에게 부과된, 인간의 죄를 용서하기 위한—그리고 원수들의 용서를 위해 기도할 수 있게 하는— 하나님의 복수가 된다. 그러나 성경과 더불어 새롭고 친밀한 관계를 맺음에 있어서 그토록 복잡한 신학적 사변이 필요한 것은 결코 아니다.

본회퍼는 이렇게 기술하고 있다. "우리는 또한 예수 그리스도를 통하여, 그리고 예수 그리스도의 마음으로부터 이 시편들을 기도할 수 있다."[12]

이러한 시각의 확립과 함께, 그는 그 시편에서 다루어진 여러 주제들에 대하여 간략하게 해석을 달고 있다. 그 주제들 가운데 하나는 시편 1편, 19편, 119편에서 특별히 찬양되고 있는 '하나님의 법'이다. 루터 교회가 "오직 은총으로만" (Sola gratia)을 그토록 강조하였음을 감안할 때, '하나님의 법'에 대한 본회퍼의 애착은 언제나 놀랍기만 하다. 그러나 그 또한 '하나님의 법'에서 놀라운 은총을 발견하였다. "하나님의 계명들을 아는 것은 매우 커다란 은총이다. 그것들은 우리 자신이 세운 모든 계획과 거기에 연루된 갈등에서 우리를 해방시켜 준다. 그리고 우리의 발걸음을 확실하게 해 주고 우리의 길을 즐겁게 해 준다."[13] 1944년 테겔 형무소에서 쓴 십계명에 대한 명상에서, 본회퍼는 십계명 서두의 말씀이 얼마나 중요한지를 강조한다. "나는 너를 애굽 땅 종 되었던 집에서 인도하여 낸 너희 하나님 여호와로라"(출애굽기 20:2).

십계명을 말씀하시는 하나님의 첫 번째 단어는 '나'이다. 이는 인간이 어떤 다른 법이나 규칙이 아니라 이 '나', 즉 살아계신 하나님과 함께 행동해야 함을 의미한다. 십계명의 단어들 속에서 하나님은 진실로 당신 자신에 관하여 말씀하고 계시며 그것은 십계명에서 가장 중요한 부분을 차지한다. 그러므로 십계명은 하나님의 계시이다. 우리는 십계명 가운데 어떤 계명이 아니라 하나님께 순종하여야 한다. 그리고 우리가 십계명 가운데 어떤 계명을 어길 경우, 그것은 그 계명에 의한 파멸이 아니라 하나님에 의한 파멸을 불러 오는 것이다. 그러므로 신약성경은 십계명을 '살아 있는 말씀'이라 부른다.

진실로, 무엇보다 중요한 것은 십계명의 열쇠가 되는 이 서두 부분의 말씀이다. 그런 점에서 십계명은 하나님의 계명이 인간의 법률과 완전히 구별되어야 함을 보여 준다. 십계명 안에는 하나님의 명령과 아울러 그분의 은총이 나타나 있다. 하나님 자신과 그분의 뜻이 분리될 수 없듯이, 십계명 안에 담겨진 그분의 은총과 그분의 명령은 결코 분리될 수 없다. 십계명 안에서 하나님은 스스로 존재하시는 분으로서 당신 자신의 모습을 완벽하게 계시하신다. 이것이 가장 중요한 요점이다.[14]

율법에 대한 이러한 이해는 '시편 119편에 대한 명상'에서 더욱 증폭된다. 살아 계신 하나님의 살아 있는 말씀으로 성경을 이해하는 입장은 본회퍼의 거의 모든 저작들에서 발견된다.

하나님의 법을 찬양하는 이 시편에 대한 그의 애착은 어느 정도는 영국 성공회의 영성에 접한 결과였다. 1933년부터 1935년까지, 본회퍼는 런던에서 한 독일인 교회의 목회자로 사역하였다. 그의 영국 체류가 끝나갈 무렵, 그리고 고백교회의 신학교 대표직 수임 직전, 그는 영국의 여러 신학교들과 종교 공동체들을 방문하기로 작정하였다. 이 때 그가 방문했던 곳들 가운데 머필드의 '부활 공동체'가 있다. 당시의 상황을 베트케는 다음과 같이 기술한다. "그는 머필드에 가서 날마다 시편 119편이 낭송되는 주간에 기도 모임에 참석하곤 했다. 그 이후로 이 시편은 그가 가장 자주 인용하는 성경 본문이 되었다." 본회퍼가 시편 119편에 대한 작업에 열중하고 있었던 1938년 무렵, 그는 옥스퍼드 코울리의 '복음전도자 성 요한 협회'(Society of St. John the Evangelist)를 19세기에 설립한 리처드 벤슨의 저서 〈거룩함에 이르는 길〉(The Way of Holiness)을 구하는 편지에 이렇게 썼다. "저는 시편 119편의 주석을 위해 그 책이 꼭 필요합니다."[15]

나는 얼마나 많은 리처드 벤슨 신부의 저작들을 본회퍼가 섭렵하였는지 알지 못한다. 그러나 그 저작들은 그가 성경 말씀에 접근함에 있어서 그를 자극하고 확신을 주기에 충분한 통찰력을 지니고 있었다. 벤슨 신부는 마치 본회퍼가 그랬던 것처럼, 기도와 명상의 수단으로 시편을 활기차고 생동감 넘치게 활용할 것을 권장하였다. 벤슨 신부는 1901년에 출판된 시편 119편에 대한 그의 역작(力作) 〈평화의 왕의 전쟁 노래〉(The War Songs of the Prince of Peace)에서 다음과 같이 기술하고 있다. "우리는 단지 흘러간 시대의 자랑스러운 전승으로서뿐만 아니라, 은총의 자녀들이 성육신한 말씀과 만나 천상의 기쁨을 누릴 수 있는 살아있는 친교의 장(場)으로서 시편을 읽어야 한다." 그는 또한 다른 저서에서, "일상적인 삶 가운데서도 우리 주 예수 그리스도와 공감할 수 있는 진실된 기회로서" 시편 말씀에 친숙해질 것을 권면하고 있다.[16]

나아가 벤슨 신부의 시편 119편에 대한 주석 서론에는 시편의 주인공이 그리스도이심과 관련하여 다음과 같은 글이 포함되어 있다(본회퍼 역시 똑같은 말을 했을지 모른다).

그 말씀들이 때로는 우리 자신의 말처럼 느껴지기도 한다. 하지만 그것들은 예수께서 가르쳐 주신 대로 우리 입술이 되뇌이고 있을 뿐이다. 또 때로는 그 말씀들이 완전히 그분 자신의 말씀처럼 느껴지기도 한다. 이 때 우리는 그분의 일부로서 그분과 함께 기도하고 있음을 느낄 수 있다.[17]

앞으로 이 책에서 밝혀지겠거니와, 본회퍼는 성경 말씀에 대한 명상 방법을 끊임없이 찾아 나갔다. 결국 그가 찾아 낸 방법은 지극히 단순한 것이었고, 그 단순함 속에 신선함이 있었다. "마리아가 그랬던 것처럼 그대 마음 속에 성경 말씀을

받아들이고 그 말씀을 묵상하라. 그것이 모든 것이요, 그것이
명상이다."

데이비드 그레이시(David McI. Gracie)

펜실바니아주, 필라델피아

* 이 영어 번역본은 미국의 복음주의 루터교회와 감리교회 사이의
   날로 돈독해 가는 관계에 감사하는 뜻에서 주님께 바칩니다.

1

명상이란 무엇인가

내가 새벽 전에 부르짖으며 주의 말씀을 바랐사오며
주의 말씀을 묵상하려고
내 눈이 야경이 깊기 전에 깨었나이다.
(시편 119:147-148)

일상적인 명상에 대한 지침

고백교회는 1934년 '바르멘 회의'에서 결성되었다. 이 회의에서는 히틀러에게 봉사해 왔던 국가교회와 단호히 결별한 독일 지역교회 대표들이 저 유명한 '바르멘 선언'을 통해 자신들의 복음 이해를 선포하였다.

이 고백교회는 1935년 발틱해 근처 핀켄발데에 세워진 한 신학교에서 성직 수임 후보자들을 훈련하는 책임자로서 디트리히 본회퍼를 런던으로부터 조국으로 불러들였다. '일상적 명상에 대한 지침'은 바로 그곳에서 탄생되었다. 이 지침은 나중에 본회퍼의 전기 작가가 된 그의 제자이자 이 선집의 편집자인 에버하르트 베트게에 의해 기록되었다. 베트게는 1936년 5월 22일 핀켄발데에서 고백교회의 목회자들에게 보낸 회람 서신에 이 지침을 첨부하였다. 그 서신에는 나치에 의하여 수감된 동료들에 관한 소식이 실려 있었다.

본회퍼 전기에서, 베트게는 본회퍼가 신학생들에게 매일 아침 30분 동안 자신들에게 곤혹감을 불러 일으키는 성경 본문들에 대하여 고요한 명상에 잠기도록 지시했다고 기록하였다. 하지만 학생들은 그 시간을 어떻게 보내야 할지 알지 못했다. 어떤 학생들은 잠이 들고, 어떤 학생들은 공상에 잠기고, 또 어떤 학생들은 설교 초안을 작성하기도 했다. 이 지침은 신학생들에게 개인적인 명상의 중요성과 그 자세를 가르치기 위해 작성된 것이다.

이 신학교에서는 매주 한 번씩 공동 명상 시간을 갖기도 했다. 본회퍼는 개인적인 명상에 있어서조차 공동의 본문을 사용케 함으로써 신학생들로 하여금 공동체 감각을 길러 나가게 했다. 신학생들은 핀켄발데를 떠나고 나서도 회람 서신을 통해 공동 명상을 위한 본문들을 계속해서 통보받곤 했다.

1936년 칼 바르트에게 보낸 편지에서 본회퍼는 다음과 같이 기술했다. "진지한 젊은 신학도들이, 어떻게 하면 올바르게 기도할 수 있을까, 어떻게 하면 성경을 잘 읽을 수 있을까 하고 끊임없이 질문합니다. 우리는 그들에게 도움을 줄 수도 있고, 전혀 그러지 못할 수도 있습니다. 그러므로 이 모든 것들을 당연한 것으로 받아들이는 일이 있어서는 안 되겠습니다." [8]

＊

1. 나는 왜 명상하는가?

그 까닭은 첫째, 내가 그리스도인이기 때문이다. 그러므로 나에게는 성경에 씌어진 하나님의 말씀 속으로 좀더 깊숙이 침잠하지 못한 날은 허송세월한 날이 되고 만다. 나는 오로지 하나님 말씀의 단단한 기반 위에서만 확신을 갖고 전진할 수 있다. 그리고 그리스도인으로서, 나는 설교 말씀과 기도하는 명상에 의해 성경을 좀더 깊이 있게 이해하게 된다.

그 까닭은 둘째, 내가 말씀을 선포하는 사람이기 때문이다. 만일 내가 날마다 성경과 대화하지 않는다면, 나는 다른 사람들에게 성경 말씀을 올바르게 풀이해 줄 수 없을 것이다. 내가 만일 기도하면서 말씀에 바탕을 둔 명상을 계속하지 않는다면, 나는 설교자로서의 직책과 관련하여 말씀을 잘못 전하게 될지도 모른다. 만약에 나의 일상적인 직무에 있어서 말씀이 개입하는 일이 없거나 내가 더 이상 말씀을 체험할 수 없게 된다면, 그것은 오랫동안 나와 말씀 사이의 대화가 단절되었음을 의미할 것이다. 만약에 주님께서 그 날 그 날 나에게 주시고자 하시는 말씀을 기도를 통해 찾지 못한다면, 나는 나 자신의 소명을 제대로 수행할 수가 없게 될 것이다. 말씀의 사역자들은 특히 기도에 전념하여야 한다. "우리는 기도하는 것과 말씀 전하는 것을 전무(專務)하리라"(사도행전 6:4). 목회자는 다른 사람들보다 더 많이 기도해야 하고, 다른 사람들보다 더 많은 기도 제목이 있어야 한다.

그 까닭은 셋째, 나에게는 기도의 훈련이 필요하기 때문이다. 우리는 기분에 따라 어떤 경우에는 한참 동안 기도하지만, 어떤 경우에는 전혀 기도하지 않는 것이 보통이다. 그렇게 하는 기도는 제멋대로 하는 기도이다. 기도에 관한 한 우리의 자유의지가 설 자리는 없다. 기도는 하나님이 우리에게 요구하시는 의무적인 일이다. 우리는 자신의 뜻에 따라 기도할 수도 있고, 기도하지 않을 수도 있는 존재가 아니다. 기도는 하루를 시작하는 거룩한 출발점이다. 하나님은 우리가 날마다 기도하는 시간을 내어 당신과 대화하기를 원하신다. "내가 새벽 전에 부르짖으며 주의 말씀을 바랐사오며 주의 말씀을 묵상하려고 내 눈이 야경이 깊기 전에 깨었나이다"(시편 119:147-148). "주의 의로운 규례를 인하여 내가 하루 일곱 번씩 주를 찬양하나이다"(시편 119:164). 하나님은 우리를 구원하시기 위하여 그리스도 안에서 우리를 찾아오시기에 앞서 시간을 필요로 하신다. 하나님은 나를 구원하시기 위하여 내 마음 속에 오시기에 앞서 시간을 필요로 하신다.

그 까닭은 넷째, 나는 목회자로서 나의 사역을 방해하는 조급증과 불안을 떨쳐버릴 수 있어야 하기 때문이다. 오로지 하나님의 말씀에서 오는 평화만이 우리가 날마다 드리는 예배를 온전하고 거룩되게 할 수 있다.

2. 나는 명상으로부터 무엇을 원하는가?

우리는 명상을 한 후에는 무언가 명상하기 전과는 다른 상태를 체험하기를 원한다. 우리는 그리스도의 말씀 안에서 그분과 만나기를 원한다. 우리는 그리스도께서 우리에게 주시고자 하는 것, 그리고 오늘 그분이 말씀을 통해 가르치시고자 하는 것을 듣고 깨닫기 위해 성경 말씀을 읽기 시작한다. 하루를 시작함에 있어서, 다른 사람들을 만나기에 앞서 먼저 그리스도를 만나도록 하라. 매일 아침 여러분을 짓누르고 괴롭히는 것들을 생각하기에 앞서 먼저 그리스도를 신뢰하고 그 짐들을 그분 앞에 내려 놓으라. 새로운 걱정거리가 우리를 괴롭히기 전에 그리스도를 온전히 따르는 길에 장애물이 없는지 스스로 묻고, 우리가 가는 길을 그리스도께서 인도하시도록 믿고 맡기도록 하라.

명상의 목적은 그리스도의 말씀을 통해 그분과의 친교 가운데 그 날의 삶을 위한 그분의 도우심과 인도하심을 구하는 것이다. 그렇게 함으로써 우리는 믿음 안에서 새롭고 힘차게 열리는 하루를 시작할 수 있다.

3. 나는 어떻게 명상할 것인가?

명상에는 자유로운 명상과 성경 말씀에 의존하는 명상이 있다. 우리는 기도에서 오는 확신과 사고의 훈련을 위하여 뒤의 방법을 적극 권유한다. 더구나 공동의 성경 말씀으로 명상하면서 다른 사람들과 친교를 나누는 것은 이같은 명상을 더욱 애호하게 해 줄 것이다.

마치 우리에게 가장 가까운 사람의 말이 하루 종일 우리 마음 속에서 맴돌듯이, 살아 계신 하나님의 말씀이 끊임없이 우리 안에서 공명하며 역사할 수 있어야 한다. 마치 우리가 우리를 사랑하는 사람의 말을 쪼개어 분석하지 않고 그대로 받아들이듯이, 우리는 마리아처럼 성경 말씀을 마음 속에 그대로 받아들여 숙고하여야 한다. 그것이 전부이다. 그것이 명상이다. 여러분이 설교 준비를 할 때처럼 성경 본문 속에서 새로운 개념이나 사고를 찾아 내려고 하지 말라! 그 말씀을 다른 사람들에게 어떻게 말할 것인지를 묻지 말고, 그 말씀이 여러분에게 무엇을 말하는지를 묻도록 하라! 성경 본문이 완전히 여러분과 함께하면서 여러분의 일부가 되기까지 마음 속에서 숙고하도록 하라.

하지만 명상을 위하여 선택한 본문 전체를 염두에 둘 필요는 없다. 우리는 종종 그 본문 중 한 단어에 매어달리곤 하며, 이해할 수 없는 문구는 그냥 지나쳐 버리기도 한다. 헬라어 원전을 사용한 문헌학적 연구 같은 것은 전혀 필요치 않다. 그저 우리에게 친근한 우리말 성경이면 족하다.

만약에 우리가 명상하는 동안 우리의 마음이 우리와 가까운 사람들 또는 우리의 관심을 끄는 사람들에게로 움직인다면, 이 명상의 시간은 그들을 위해 기도할 수 있는 좋은 시간이 될 것이다. 그러므로 막연히 기도하기보다는 우리가 마음속에 담고 있는 사람들을 위해 구체적으로 기도하는 것이 바람직하다. 그리고 그들을 위해 무엇을 기도할지를 말씀 속에서 찾도록 하라. 날마다 기억하고자 하는 사람들의 이름을 책상머리에 써붙여 놓는 것도 많은 도움이 될 것이다. 이러한 중보기도는 날마다 일정한 시간을 필요로 한다. 하지만 중보기도를 하더라도 우리 자신의 영혼을 위한 기도가 가장 중요하다는 사실을 잊어서는 안 된다.

우리는 우리 자신과, 우리와 함께 명상하는 사람들에게 성령께서 임재해 주시기를 간구하는 것으로 명상을 시작한다. 그런 다음 우리는 성경 본문으로 되돌아간다. 명상이 끝나면, 우리는 마음이 충만하게 되어 진심으로 감사의 기도를 드릴 수 있게 되기를 기원한다.

그러면 성경 본문은 어떤 것을 선택하여야 하며, 그 분량은 어떠해야 하는가? 우리의 경험에 의할 경우, 한 주일에 10절에서 15절 분량의 본문에 대하여 명상하는 것이 가장 바람직하다. 우리의 감수성과 사고력을 감안할 때, 날마다 다른 본문을 사용하는 것은 좋지 않다. 우리가 할 일은 다음 주일 설교 본문을 택하는 것이 아님을 유념하여야 한다. 그것은 설교 명상 시간에 할 일이다. 그리고 공동체 소속원 전체가 한 주일 동안 공동의 성경 본문으로 명상하고 있다는 공통의 인식 속에서 명상을 계속한다는 것은 매우 바람직한 일이다.

명상의 시간은 하루 일과가 시작되기 전 아침 최소한 30분 가량이 가장 적합하다. 물론, 아주 조용하고 우리의 마음을 최대한 집중할 수 있는 분위기이어야 한다.

두 사람 이상이 공동으로 행하는 명상은, 그것이 비록 그리스도교 공동체 안에서 상당히 가능한 일임에도 불구하고 애석하게도 실천에 옮겨지는 일이 드물다. 이같은 명상에서는 거짓 경건이나 무익한 신학적 사변에 빠지는 일을 특히 경계하여야 한다.

4. 나는 어떻게 명상에 따르는 문제들을 극복할 수 있는가?

진지한 자세로 일상적인 명상을 실천하는 사람이라면 곧 커다란 어려움을 느끼게 될 것이다. 명상과 기도는 지속적이고 진지해야 한다. 그러므로 자기 자신을 억누를 줄 아는 것이 무엇보다도 중요하다. 산만함으로 인해 혼란과 당혹감이 초래되는 일이 있어서는 안 된다. 날마다 다시 자리에 앉아 인내심을 기르도록 하라. 만약에 여러분의 생각이 계속 방황하고 있다면, 억지로 그 생각을 떨쳐버리려고 할 필요는 없다. 생각이 흐르는 대로 놓아 두어도 잘못될 것은 없다. 그러나 그 생각 속에 떠오른 사람이나 사건을 기도 속으로 이끌어 들일 줄 알아야 한다. 그렇게 함으로써 여러분은 성경 본문으로 되돌아오는 길을 발견하게 될 것이고, 그러한 방황에 쓰여진 시간이 결코 낭비가 아님을-따라서 결코 염려할 일이 아님을-알게 될 것이다.

명상 과정에서 우리가 겪게 되는 어려움을 극복하는 방법에는 여러 가지가 있다. 같은 구절을 반복해서 읽거나, 자신의 생각을 적어 놓거나, 반복해서 명상했던 성경 구절을 마음 속으로 암송하거나 하는 것들이다. 하지만 이 모든 방법의 배후에는 명상이 단순한 성경 공부로 탈바꿈할 위험이 도사리고 있다. 우리의 허망한 욕구와 의혹을 극복하기 위해서 우리에게 필요한 것은 오로지 기도뿐이다. 너무나 많은 사람들이 아무런 도움이나 지시 없이 이같은 사실을 깨달아 왔다. 어려움을 극복하는 유일한 길은 처음에 시작했던 명상과 기도를 충직하게 그리고 끈기있게 실천해 나가는 것이다. 더구나 우리는 다른 형제들도 우리와 함께 명상하고 있으며 언제나 하늘

과 땅의 거룩한 교회가 우리와 함께 기도하고 있다는 사실로
부터 무한한 위안을 받게 될 것이다. 만약에 우리가 기도할 바
를 알지 못하고 절망에 빠진다 하더라도, 우리는 여전히 성령
께서 "말할 수 없는 탄식으로"(로마서 8:26) 우리를 위해 기도
하고 계심을 알아야 한다.

우리는 결코 성경과 함께하는 이 일상적인 명상의 시간을
중지할 수 없다. 그리고 만약 그것을 실천하지 못하고 있다면,
지금 당장 시작해야 한다. 그렇게 하여야만 영원한 삶을 얻을
수 있기 때문이다.

아 침

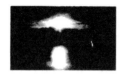

핀켄발데 신학생 공동체는 1937년 9월 게슈타포가 이 신학교의 문을
닫음으로써 불과 2년 반을 채우지 못하고 와해되었다. 그러나 독일 프로테스탄
트의 종교적 삶에 있어서 이 짧은 실험은 많은 사람의 관심을 끌었다. 1939년
에 출판된 본회퍼의 소책자 〈함께하는 삶〉(Life Together)은 그의 생애 중 그의
저서들 가운데 가장 널리 읽혀진 책이다. 베트케는 이 책을 "살아 있는 프로테
스탄트 공동체의 실체"를 담은 책이라고 묘사했다. 〈함께하는 삶〉은 '일상적
인 명상에 대한 지침'이나 1935년 또는 1936년의 저작 선집('아침')에서 윤곽
이 잡힌 내용들을 좀더 완성된 형태로 제시하고 있다.[19]

✻

　매일 아침은 우리 삶의 새로운 시작이다. 하루는 아침으로
부터 시작되어 마침내 밤에 완성된다. 오늘은 우리의 관심과
사고의 갈림길이 될 수도 있다(마태복음 6:34, 야고보서 4:14). 오
늘 하루는 하나님을 발견하거나 등지기에, 믿음을 잃거나 저
주에 떨어지기에 충분히 긴 시간이다. 하나님은 우리가 방황
하는 일이 없도록, 매일 아침마다 그 날 저녁까지의 목표를 바
라볼 수 있도록 낮과 밤을 만드셨다. 마치 옛 태양이 매일 아
침 새롭게 떠오르듯이, 하나님의 영원한 자비는 아침마다 새
롭게 빛난다(예레미야애가 3:23). 매일 아침 하나님은 당신의 영
원한 신실하심을 깨닫게 하는 선물을 우리에게 주신다. 그리
하여 하나님과 함께하는 삶 가운데, 우리는 매일 아침 그분과
함께 새로운 삶을 시작한다.
　성경은 아침을 경이에 가득찬 시간으로 묘사한다. 아침은
교회에 대한 하나님의 도우심의 시간이자(시편 46:5) 눈물로 지
새운 밤이 지나간 후의 기쁨의 시간이며(시편 30:5), 하나님의
말씀을 선포하는 시간이자(스바냐 3:5) 일용할 양식을 배분하
는 시간이다(출애굽기 16:13 이하). 동이 트기 전 예수께서는 기
도하러 나가셨고(마가복음 1:35), 여인들은 이른 아침에 무덤으

로 갔으며, 제자들은 아침에 디베랴 바다의 해변에서 부활하신 예수님을 만났다(요한복음 21:4). 믿음의 사람들은 하나님의 놀라운 역사를 기대하며 아침에 일찍 일어난다(창세기 19:27, 출애굽기 24:4, 욥기 1:5 등). 잠도 그들을 붙들 수는 없다. 그들은 이른 아침에 하나님의 은총을 마중하러 달려나간다.

잠에서 깨어나면서, 우리는 복된 아침을 맞이하여 오늘 하루를 위해 삼위일체 하나님을 찬양함으로써 지난 밤의 혼돈된 꿈과 어두운 형상들을 몰아 낸다. 하루를 살면서 우리가 벗어날 수 없는 악마적 분위기, 통제할 수 없는 감정과 욕구는 단지 우리가 아침에 몰아 내지 못한 지난밤의 유령들일 뿐이다. 그것들은 오늘 하루를 망치게 하려고 우리를 사로잡는다. 새날의 아침은 우리의 계획과 걱정거리를 위한 시간이 아니라 하나님의 자유의 은총과 거룩한 임재를 위한 시간이다. 근심으로 인해 아침에 일찍 잠에서 깨는 사람들에게 하나님은 이렇게 말씀하신다. "너희가 일찍이 일어나고 늦게 누우며 수고의 떡을 먹음이 헛되도다"(시편 127:2). 아침마다 우리는 오늘에 대한 걱정이나 당장에 감당해야 할 일의 부담이 아니라, 나를 아침마다 깨우치시되 "나의 귀를 깨우치사 학자같이 알아듣게 하시는"(이사야 50:4) 주님 때문에 잠에서 깨어난다. 우리의 마음이 세상을 향하기에 앞서, 하나님은 당신 자신을 향하여 우리의 마음이 활짝 열리기를 기대하신다. 우리의 귀가 하룻 동안 무수히 많은 목소리를 듣기에 앞서, 창조주이시자 구속주이신 분의 목소리를 아침 첫시간에 들을 줄 알아야 한다. 하나님은 당신 자신을 위하여 아침의 고요를 예비하셨고, 그것은 어디까지나 그분만의 것이다. 우리에게는 일용할 양식에 앞서 일용할 말씀이 있어야 한다. 그리고 우리는 그 말씀을 감사함으로 받을 줄 알아야 한다. 또한 하루 일과를 시작하기에 앞서 아침의 기도가 있어야 한다. 그래야만 그 날의 모든 일들이 하나님의 뜻 안에서 이루어지게 될 것이다. 아침 시간은 기도와 공동 예배를 위한 조용한 시간으로 보내야 한다. 그것 외에 하루의 염려와 과제, 그리고 유혹에 대처할 수 있는 또다른 방법이 있을 수 있겠는가? 비록 때로는 기분이 내키지 않을 수도 있겠지만, 이렇게 하는 것은 당신의 말씀과 우리의 기도를 통하여 하루 하루 우리의 삶을 축복해 주시고 우리에게서 찬양과 기도를 바라시는 분께 대한 우리의 의무이다.

그리스도인으로서 삶에 질서를 잡고 성경을 읽으며 기도하는 일에 관한 한 '형식적'이라는 말은 용납될 수 없다. 무질서한 삶은 우리의 신앙을 손상시키고 파괴한다. 복음의 자유와 훈련 부족은 분명히 구별된다. 과격한 행동으로 자기 자신과 자신에게 맡겨진 과업을 망치지 않으면서 충실하게 영적인 수행 과정을 거치고자 하는 사람이라면, 무엇보다 먼저 예수 그리스도의 종(從)으로서의 영적 수련 과정을 익혀 나가야 한다.

그러기 위해서는 조용한 기도와 명상을 위한 시간을 정해 놓고 꾸준히 인내하면서 실천해 나갈 줄 알아야 한다.

그리스도인에게는 조용히 기도할 수 있는 시간이 필요하지만, 말씀의 사역자들에게는 더더욱 그러하다. 그들에게 주어진 특별한 소명 때문에(사도행전 6:4) 말씀을 읽고 기도할 수 있는 시간이 훨씬 더 많이 필요한 것이다. 만약에 오늘 하루를 위한 하나님의 도우심을 체험하지 못했다면, 우리는 말씀의 사역자로서 어떻게 설교하고 가르치며 다른 사람들의 짐을 덜어 줄 수 있겠는가? 우리는 결코 우리의 사역이 공허하고 관례적인 것이 되는 것을 원치 않는다. 그러므로 성경 구절을 명상하며 조용하게 기도할 수 있는 시간을 마련하는 것은 우리에게 확신 속에서 굳굳하게 설 자리를 마련해 준다. 그리하여 말씀은, 우리가 어디를 가든지 언제나 우리와 함께하면서 우리 안에 거할 수 있게 된다. 하지만 너무나 빠른 변화는 피상적인 변화이기가 쉽다. 우리는 성경 말씀에 기초하여, 하나님이 우리에게 말씀하신 바로 그 언어로 말하는 법을 서서히 배워 나가야 한다. 마치 어린아이가 엄마의 말을 따라하듯이, 하나님의 말씀을 따라하면서 그분께 말하는 법을 배워 나가야 한다.

하나님의 말씀을 기초로 하여, 우리는 말씀이 우리에게 가르치는 모든 것들을 기도하기 시작한다. 그리고 하나님 앞에 오늘의 삶을 맡기면서, 그분 앞에서 생각과 의지를 청결히 한다. 우리는 또한 예수 그리스도와 완전히 한몸을 이루기 위해 기도한다. 다음으로, 드넓은 중보기도의 벌판이 우리 앞에 놓여 있다. 여기서 우리의 관점은 원근간의 사람과 사물로 확대되어, 그들에게 하나님의 은총이 임하기를 기원한다. 우리는 우리에게 기도를 청하는 모든 사람을 위하여 기도할 수 있어야 한다. 거기에는 우리에게 개인적으로든 직업상으로든 배려를 부탁한 모든 사람이 포함된다. 마지막으로, 우리는 중보기도를 통해 우리에게 힘을 실어 주고 도움을 주는 사람들로 인해 하나님께 감사할 줄 알아야 하며, 우리의 기도 시간은 항상 넘치는 확신 속에서 '아멘'이 되풀이 되어야 한다.

때때로 우리는 이웃을 찾아가서 함께 하나님의 말씀을 듣고 그분을 찬양하며 기도하는 시간을 갖는다. 그럴 경우 우리는 무엇보다도 시편의 말씀을 함께 읽어야 한다. 비록 어려움이 있다 할지라도 매일같이 시편을 빠짐없이 읽으며 기도한다면, 결국에는 그 말씀이 우리의 것이 되고 말 것이다. 그런 다음에는 신약과 구약을 적당한 비율로 교차해가며 읽어야 한다. 교회의 찬송가들은 과거와 현재의 모든 성도들과 우리를 하나가 되게 해 줄 것이며, 한 사람이 모든 교우들을 위하여 하는 기도는 하나님 앞에서 특별한 감동을 불러 일으킬 수 있다.

하나님은 아침의 고요 가운데 당신의 말씀을 전해 오시고,

우리는 하나님과의-그리고 모든 그리스도인들과의 - 친교를
체험하게 된다. 이제 우리는 확신을 갖고 오늘 우리에게 주어
진 과업을 수행해 나갈 수 있다.

오로지 성경으로만

루디거 슐라이허 박사에게 보낸 편지

루디거 슐라이허는 본회퍼의 매제이자 절친한 친구였다. 이 두 사람은
음악을 포함하여 많은 관심사들을 공유했다. 디트리히가 베토벤이나 모차르트
의 소나타를 피아노로 연주하면, 루디거는 바이올린으로 반주를 넣곤 했다. 법
률을 공부하면서도 슐라이허는 신학에 관심이 컸다. 그래서 적어도 이 편지가
씌어질 무렵에는 아돌프 하르낙이 대표하는 프로테스탄트 자유주의 신학 계열
에 서 있었다. 디트리히는 원래 하르낙의 제자였으나, 이제는 "성경의 신비하고
새로운 세계"를 재발견한 칼 바르트 쪽으로 기울고 있었다.

이 편지의 서두 부분은 본회퍼의 가르침과 설교에 대한 슐라이허의 비판을 암시한다. 본회퍼는 그의 우정어린 비판의 진정한 의도를 고맙게 받아들임과 동시에, 성경에 씌어진 하나님의 말씀을 읽고 그것과 하나가 되는 방법을 점점 더 친근한 어조로 설명해 나간다. 편지 첫 문단에는 슐라이허가 제1차 세계대전에서 입은 상처로 앓아 누웠던 일이 언급되어 있다. 그는 제2차 세계대전이 끝나는 것을 보지 못하고 세상을 떠나게 된다. 이 전쟁이 끝나기 직전, 그는 본회퍼와 함께 체포되어 아돌프 히틀러 암살 모의 혐의로 처형되었다.[20]

✳

1936년 4월 8일
프리드리히스브룬

친애하는 루디거에게!

네 편지를 방금 받고나서, 나는 이렇게 지금 당장 답장을 쓸 정도로 몹시 기뻤단다. 나는 네 상처가 다시 악화된 것도 알지 못하고 있었단다. 최근 들어 전쟁에 관하여 벼라별 소문이 다 떠돌지만, 너의 아픔이 곧 나의 아픔으로 다가오는 것 같구나.

자, 이제 본론으로 들어가 보자꾸나. 우리는 종종 다투어 왔지만 언제나 결과는 그리 나쁘지 않았고 앞으로도 그러리라고 믿는다. 나는 목회자가 건실한 '평신도'를 만족시킨다는 것이 얼마나 어려운 일인지 너무나 잘 알고 있다. 만약에 내가 삼위일체 교회에서 그랬던 것처럼 오로지 믿음과 은총으로만이라고 설교한다면, 너는 그리스도인의 삶이란 과연 어떠한 것이어야 하느냐고 물을 것이다. 만약에 내가 산상수훈에 관하여 강의한다면, 너는 우리의 실제적인 삶에 관하여 질문을 던질 것이다. 그리고 만약에 내가 성경 속의 어떤 인물의 죄악에 가득찬 삶에 관하여 이야기한다면, 너는 과연 영원한 의와 진리는 무엇이냐고 물을 것이다. 이 모든 질문들은 단지 하나의 관심을 나타내 준다. 그것은 어떻게 하면 우리가 현실 세계 속에서 한 사람의 그리스도인으로서 살아갈 수 있으며, 우리에게 가치 있는 삶을 보장해 줄 최종적인 권위는 어디에서 찾을 수 있겠는가 하는 것이다.

먼저, 나는 성경이야말로 우리의 모든 질문들에 대한 해답임을, 그리고 성경으로부터 해답을 얻기 위해서는 겸손한 자세로 꾸준히 탐구하여야 한다는 단순한 믿음을 고백코자 한다. 우리는 다른 책들을 읽듯이 성경 말씀을 읽을 수는 없다. 우리는 진지한 자세로 질문을 던져야 한다. 그러면 해답이 저절로 주어질 것이다. 그 해답은 오직 성경으로부터 최종적인 해답을 기대하는 사람에게만 주어진다. 왜냐하면 하나님은 성경 속에서 우리에게 말씀하시기 때문이다. 우리는 하나님에 관하여 제멋대로 결론을 내리는 일이 있어서는 안 될 것이다. 우리는 모든 문제를 하나님께 여쭈어 보아야 한다. 그분은 오로지 우리가 당신을 따르고자 할 때에만 우리에게 응답해 주실 것이다. 하지만 예를 들어, 본문비평의 관점에서 성경을 다른 책들처럼 읽을 수도 있고, 그것이 꼭 나쁘다고 할 수만은 없다. 그러나 그것은 성경의 표면은 드러낼 수 있어도 그 내면을 드러내 보여 줄 수는 없을 것이다. 절친한 친구가 우리에게 어떤 말을 했을 때, 우리는 그 말을 되씹으며 분석하고자 할 것인가? 아니다. 우리는 그 다정한 말을 그대로 받아들이고, 그리하여 그 친구의 말은 여러 날 동안 우리 내면에서 공명을 계속하게 될 것이다. 마치 마리아가 그랬던 것처럼, 우리가 그런 말을 마음 속에 소중히 간직하면 간직할수록 그것은 우리에게 더욱더 가까이 와닿게 된다. 이와 마찬가지로, 우리는 성경 말씀을 항상 마음 속에 품고 살아야 한다. 언제나 우리를 사랑하시며 우리의 모든 질문에 해답을 제시해 주시는 하나님이 우리에게 말씀하시는 수단으로 성경을 이해할 때, 성경을 읽는 우리의 마음 속에는 언제나 참된 기쁨이 흘러 넘칠 것이다.

우리는 우리가 이미 알고 있는 것만을 찾을 수 있다. 우리가 찾고 있는 것이 무엇인지 모르면서 무엇인가를 찾는 것처럼 어리석은 일은 없을 것이다. 그러므로 우리는 하나님을 찾기에 앞서 그분이 어떠한 분이신지를 미리 알고 있어야만 한다. 그렇지 않을 경우 우리는 단지 방황하게 될 뿐이며, 그분을 찾는 것이 목적이 아니라 단지 찾는다는 행위 그 자체가 목적이 되어버릴 것이다. 우리는 하나님에 관하여 우리 자신의 체험이나 통찰력, 또는 우리가 자연이나 역사에 부여한 의미 구조를 통해서 알거나, 아니면 그분 자신의 말씀의 계시를 통해서 알거나 한다. 그리고 우리가 그분을 만나는 장소는 우리가 결정할 수도 있고, 그분이 결정하실 수도 있다.

만약에 나더러 하나님을 만날 수 있는 장소를 선택하라고 한다면, 거기서 나는 언제나 유쾌하고 화통하신 하나님을 뵙게 될 것같다. 하지만 만약에 하나님이 그 장소를 선택하신다면, 그곳은 전혀 유쾌하지도, 내 마음에 들지도 않는 장소일 것이다. 그곳은 바로 그리스도의 십자가이다. 거기서 하나님을 만나고자 하는 사람이라면 누구나 '산상수훈'의 가르침에 따라 십자가에 다가가야 할 것이다. 그것은 우리의 본성과 전혀 부합하지 않음에도 불구하고 신약은 물론이려니와 구약(특히 이사야 53장)이 우리에게 요구하고 있는 바이다. 예수님과 바울은 십자가를 통해 구약이 완전히 실현되는 것으로 이해하였다. 그러므로 성경 전체가, 그 안에서 우리가 하나님을 발견할 수 있는 하나님의 말씀 그 자체이다. 우리에게는 그곳이 선험적인 깨달음도 유쾌한 감각도 체험할 수 없고 오로지 낯설고 우리의 본성과 반대되는 세계라는 느낌이 들 수도 있다. 그럼에도 불구하고, 성경은 하나님께서 우리를 만나기로 작정하신 바로 그 곳〈場〉임을 잊어서는 안 된다.

지금 나는 성경을 이렇게 읽고 있다. 우선, 각 구절에서 하나님이 우리에게 무엇을 말씀하시는지를 그분께 여쭈어 본다. 그리고는 그분이 말씀하시고자 하시는 것을 우리가 들을 수 있게 해 주시기를 기원한다. 그리하여 비록 우리에게는 낯설지라도, 비로소 하나님의 뜻을 이해하게 된다. 하나님의 길은 우리의 길과 다르며, 하나님의 생각은 우리의 생각과 다르다. 하나님은 우리의 모든 계획과 사고가 끝나는 지점인 십자가 아래에서 당신 자신의 모습을 드러내신다. 그분은 우리의 사고와 지식으로 찾아낸 '진리들' 보다 완전하신 분이시다. 하나님의 말씀은 우리에게 십자가를 보여 주는 것으로 시작된다. 결국, 우리의 모든 사고와 지식(심지어 '영원한 진리' 라 불리우는 것들까지도)은 십자가와 죽음 그리고 하나님의 심판 앞에 놓이게 된다.

이와 같은 관점에서, 나는 어떠한 상황에서도 하나님의 말씀으로서 성경 읽기를 포기하고 싶지 않으며, 하나님이 성경을 통해 우리에게 말씀하시고자 하는 것이 무엇인지 있는 힘을 다해 추구해 나가고자 한다. 성경을 벗어나서는 모든 것이 불확실하기만 하고, 또하나의 모순된 자아를 발견하게 될까

봐 두려움이 앞서곤 한다. 이것이 내가 경외하는 그분, 즉 진실된 하나님께 '지성(知性)의 회생제사'(Sacrificium intellectus)를 드리는 이유이다. 그러므로 하나님 앞에서 '지성의 회생제사'를 드리지 않고 그분의 말씀을 읽는 사람은 아직도 '인간적인' 차원을 벗어나지 못하고 있음을 스스로 고백할 수 있어야 한다.

그리 오래되지는 않았지만, 성경 말씀을 이런 식으로 읽고 나서부터 얼마나 매일 매일의 나의 삶이 경이롭게 펼쳐지는지 너에게 반드시 말해 주고 싶구나. 나는 아침 저녁으로, 그리고 때로는 낮 시간에도 성경을 읽는다. 날마다 나는 한 주 동안 읽기로 정해 놓은 성경 본문에 몰입하여 거기서 들려 오는 음성에 귀를 기울이곤 한다. 이렇게 하지 않고서는 신앙생활은 물론이려니와 정상적인 삶을 살아갈 수 없다는 것을 나는 너무나 잘 알고 있다. 그리고 아직은 깊이가 없을지 몰라도, 날마다 수많은 의문점들이 서서히 풀려나가고 있다.

힐데샤임에서 중세 예술 작품들을 다시 감상하면서, 나는 당시의 사람들이 성경에 관하여 얼마나 많은 것들을 이해하고 있었는지 알 수 있었다. 나는 또한 우리 조상들이 신앙을 위한 싸움에서 성경 외에는 가진 것도, 원하는 것도 없었지만 성경이라는 수단을 통해 강하고 자유롭게 되어 진실된 신앙생활을 해 나갔다는 사실에 엄청난 충격을 받았다. 그 이후로 모든 것이 변했지 않느냐는 말은 문제의 핵심을 모르고 하는 말이다. 인간의 욕구와 인간 그 자신은 예나 지금이나 조금도 다를 바가 없다. 중세 당시와 마찬가지로 오늘날에 있어서도 성경은 인간의 욕구에 대하여 분명하게 방향을 제시한다. 아마도 내 말이 너에게 '원시적' 이라는 느낌을 줄지도 모른다. 하지만 거창한 신학의 거짓된 사변들을 벗어던지고 순수하고 '원시적' 인 상태로 되돌아오는 것이 얼마나 행복한 일인지를 너는 아마 상상도 하지 못 할 것이다. 나는 신앙의 문제에 관한 한 우리는 늘 마찬가지로 '원시적' 일 수밖에 없다고 믿는다.

며칠 후면 부활절이다. 부활절은 언제나 나에게 행복감을 안겨 준다. 하지만 성경이 우리의 믿음을 뒷받침해 주지 않았더라면 복음서에 기록된 저 불가능한 사실–부활–을 어떻게 우리가 믿을 수 있었겠는가? 하나님의 진리로서 그분의 말씀은 그분 자신에 대한 보증서이다. 그러므로 부활은 영원한 진리이다. 물론, 성경이 말하는 부활은 죽음–잠이 아니라–으로부터 진정한 삶으로, 하나님을 외면한 삶으로부터 하나님 안에서 그리스도와 함께 하는 삶으로 박차고 일어서는 것을 의미한다. 성경을 통해 하나님은 이렇게 말씀하셨다. "보라! 내가 만물을 새롭게 하리라." 하나님은 부활절을 통해 이 일을 이루셨다. 내 말이 아직도 불가능하고 비현실적인 이야기로 들리는가?

이제는 우리의 삶과 죽음에 있어서 성경 말씀을 믿을 것인지 아닌지, 그리고 오로지 성경 말씀만을 붙들고 살 것인지 아닌지의 문제만 남아 있을 뿐이다. 이 결단을 내림으로써 우리는 주님 안에서 평화와 행복을 체험하게 될 것이다.

이렇게 긴 편지를 쓰게 된 것을 용서해 다오. 어쩌다 보니 나도 모르게 그렇게 되었구나. 그러나 우리가 편지 교신을 하게 된 것이 무척이나 기쁘구나. 우리가 각자 깨닫고 느낀 것을 앞으로도 계속해서 나누어 갖도록 하자꾸나. 내가 지금까지 너에게 말한 것들은 장차 우리의 삶 속에서 분명하게 입증되리라 믿는다. 너에게 항상 행운이 함께하기를 기원하며 이만 줄인다.

너의 영원한 벗 디트리히로부터

동지들의 전사(戰死)

전시(戰時)에 쓴 편지

본회퍼에게는 1942년이 여행의 해였다. 그는 히틀러 정권을 무너뜨리기 위한 국제적 이해와 지지를 구하기 위해 비밀리에 스칸디나비아와 스위스 등지를 동분서주했다. 베트게는 당시의 상황을 "암살과 체포 사이의 줄타기"였

다고 하면서 다음과 같이 기술하고 있다. "유언장 작성으로부터 암살 계획에 이르기까지, 본회퍼는 매우 긴박한 상황 속에서 하루하루를 보냈다."

이 모든 긴박성에도 불구하고, 본회퍼는 한때 자신의 제자였던 사람들에게 편지를 썼다. 이 편지에 나타나 있는 것처럼, 그들 가운데 상당수가 현재 일선에서 싸우고 있거나 아니면 이미 살해된 상태였다. 여기서 그는 이 형제들에게 비록 전시일지라도 그들에게 평화의 원천이 될 수 있는, 성경 말씀에 대한 명상과 기도의 중요성을 다시 한 번 강조하였다.[21]

✳

1942년 3월 1일

사랑하는 형제들에게.....

우리의 사랑하는 형제 브루노 케를린, 게르하르트 비브란스, 그리고 게르하르트 레네가 거룩한 싸움터에서 전사했습니다. 그들은 지금 위대한 부활의 날을 고대하며 먼저 간 형제들과 함께 잠들어 있습니다. 우리는 십자가를 바라보며 부활을 믿습니다. 그리고 죽음을 바라보며 영원한 생명을 믿습니다. 우리는 지금 슬픔과 이별을 겪고 있지만 영원한 기쁨과 하나님 안에서의 친교를 믿습니다.

브루노 케를린은 자진해서 공동체를 섬기려는 기쁨에 넘치는 신앙과 고결한 성품을 지닌 부활 신앙의 증인이었습니다. 이에 대하여 하나님께 감사를 드립니다. 게르하르트 비브란스는 동료들과 함께 찬송을 부르려고 하는 순간 비행기 폭격에 의해 사망했습니다. 많은 사람들의 신뢰를 받으며 사심없고 단순하면서도 성숙된 성품을 지닌 이 형제를 아는 사람이라면 그를 잃은 것이 우리에게 얼마나 큰 손실인지를 통감하게 될 것입니다. 그가 세상을 떠난 날인 2월 3일의 성경 본문은 저에게 깊은 감동을 느끼게 해 주었습니다. "그 머리털의 희기가 흰 양털 같고 눈 같으며 그의 눈은 불꽃같고……"(요한계시록 1:14). 이 형제의 삶은 그리스도의 불타는 두 눈 아래에서의 삶이자 모든 것을 정화(淨化)하는 불꽃같은 삶이었습니다. 저는 그가 저에게 가르쳐 준 "하나님께 감사하며 기뻐하리라"는 찬양을 결코 잊지 못할 것입니다. 그의 삶은 바로 이 찬양이 그대로 구현된 것과 같은 삶이었습니다. 게르하르트 레네는 많은 경험과 관심을 갖고 끊임없이 탐구하는 사람이었으며, 무엇보다도 매우 솔직하고 정직한 인품을 지니고 있었습니다. 그는 사심 없이 충성스럽게 교회의 직무를 감당하였습니다. 이제 하나님은 그에게 휴식과 평화를 주셨습니다. 우리 형제들의 삶과 죽음에 대하여 하나님께 찬송과 영광을 돌립니다. 그들의 죽음은 하나님의 말씀과 율법을 통해 우리에게 내려주시는 그분의 은총을 알게 합니다. 그들은 또한 우리가 서로 마음을 다하여 믿고 사랑하여야 함을 깨닫게 합니다.

지난 몇 주 동안 저는 형제들의 눈물어린 우정과 신실함으로 인해 너무나 큰 감격 속에 지내 왔습니다. 저는 이에 대하여 어떠한 말로도 감사의 표현을 할 수가 없습니다. 지난한 달 동안 저는 국내에서 어려운 싸움을 싸우고 있는 형제들, 그리고 러시아의 매서운 추위 속에서 맡겨진 사명을 수행하고 있는 형제들로부터 저의 생일을 축하하는 편지들을 받아 보았습니다. 그 가운데에는 투쟁 중 잠시간의 휴식시간을 이용해 씌어진 것들도 있었습니다. 이러한 신의에 대하여 저는 어떻게 보답하여야 하겠습니까? 저는 여러분에게 저의 마음을 다하여 감사드립니다. 서로를 위하여 얼마나 많은 하나님의 은총과 보호하심이 우리에게 임하고 있는지 알고 계십니까?

최근 들어 명상에 관하여 구체적인 도움을 청하는 형제들의 수가 늘어나고 있는 것은 저에게 놀라운 일이 아닐 수 없습니다. 하지만 저는 여러분이 날마다 감당하고 있는 짐 위에 부담을 더하고 싶지는 않습니다. 단지 명상이 우리에게 주는 귀중한 선물에 관하여, 그리고 그것이 오늘날 우리에게 어떠한 의미를 지니는지에 관하여 잠시 말씀드리고 싶을 따름입니다. 날마다 단지 몇 분 동안일지라도 하나님의 말씀을 고요히 묵상하는 것은 우리의 삶에 내적 · 외적 질서를 부여하는 모든 것들을 조용히 관조할 수 있는 소중한 시간이 됩니다. 우리의 삶은 모든 종류의 불안, 갈등, 유혹, 의심 그리고 쇄도하는 사건들과 직무에서 오는 중압감 때문에 내적인 질서 감각을 상실한 채 무너져버릴 위기에 처해 있습니다. 이러한 상황 속에서 명상은 우리의 삶에 안정을 가져다 줍니다. 그리고 세례로부터 안수에 이르기까지 우리의 과거 신앙생활과 현재를 연결시켜 주는 역할을 합니다. 명상은 또한 우리 형제들이 우리의 영적인 집 안에서 모두 함께 온전한 친교를 나눌 수 있게 해줍니다. 그것은 형제들이 우리를 위하여 보살펴 주는 벽난로의 불과도 같은 것입니다. 명상은 평화와 인내와 기쁨의 원천입니다. 그것은 우리의 삶에 질서를 부여하기 위해 모든 종류의 힘을 끌어 잡아당기는 강력한 자석과도 같습니다. 그것은 또한 맑은 수면 위에 태양과 구름을 반사하는 깊은 물과도 같습니다. 명상은 저 지고하신 분께 훈련과 고요함과 치유와 삶의 만족으로 가득찬 장(場)을 제공함으로써 그분께 봉사합니다. 우리는 누구나 그러한 선물을 마음 속 깊은 곳으로부터 간절히 원하고 있지 않습니까? 명상은 우리에게 건강과 활력의 원천이 되어 줍니다. 여러 가지 이유로, 현재로서는 우리의 명상을 옛 서신서들에 맞추어 하는 것이 최선이라고 생각됩니다. 이 시대를 살고 있는 우리에게 하나님의 은총이 함께하시기를 기원합니다.

삼월의 첫 날인 오늘, 처음으로 따뜻한 봄 햇살을 즐길 수 있었습니다. 지붕 위에 쌓인 눈이 녹아 내리고 공기는 신선하여 이 땅을 전혀 새로운 눈으로 보게 됩니다. 우리는 지난 겨울 여러분이 투쟁 과정에서 겪었던 상상조차 할 수 없는 일들을 결코 잊을 수 없을 것입니다. 그럼에도 불구하고 우리는 따스함을 몰고 온 태양의 회귀와 이 땅의 부활에 의해 여러분이 새로운 용기와 희망을 갖게 되기를 간절히 기원하는 바입니다.

> 눈을 양털같이 내리시며
> 서리를 재같이 흩으시며
> 우박을 떡부스러기같이 뿌리시나니
> 누가 능히 그 추위를 감당하리오.
> 그 말씀을 보내사 그것들을 녹이시고
> 바람을 불게 하신즉 물이 흐르는도다.
> (시편 147:16-18)

언젠가 하나님은 악이 창궐하는 겨울과 어두운 밤의 종말을 가져오시고, 은총과 귀환의 기쁨에 가득찬 봄을 허락하실 것입니다. "겨울은 가고 봄이 온다. 어여쁜 꽃들이 피어나기 시작한다. 이 일을 시작하신 하나님은 또한 그것을 끝까지 이루시리라"(루터).

이같은 믿음의 확신과 우리의 친교를 바탕으로, 여러분에게 하나님과 우리 주 예수 그리스도의 무궁하신 은총이 항상 함께하실 것을 간절히 기원합니다.

여러분의 벗,
디트리히 본회퍼

II

시편 설교

시편 62편

1928년 7월 15일
삼위일체 주일* 후 여섯 번째 주일 설교

디트리히 본회퍼가 이 설교를 행할 당시의 나이는 22세였다. 당시 그는 바르셀로나에 있는 한 독일 교회의 부목사로 사역하고 있었다. 베트게에 의할 경우, 그는 자신의 사역(특히 설교)을 매우 성실하게 수행했다고 한다. 젊음이 넘치는 그의 설교는 때로는 성도들에게 어렵게 들리기도 했지만, 언제나 고상

---

*삼위일체 주일(Trinity Sunday): 성령 강림제 다음의 일요일(부활제 후 여덟 번째 일요일)-옮긴이 주.

한 주제들이 화려한 언어로 다뤄지곤 했다.

시편 한 편에 관한 이 설교는 본회퍼가 명상에 대하여 관심을 갖기 시작했을 무렵에 작성되었다는 점에서 본서에서 상당한 가치를 지닌다. 1936년 신학생들을 대상으로 한 명상에 관한 강의 내용과 비교할 때, 우리는 이 기간 동안의 그의 성장을 분명하게 알 수 있다. 이 설교에서 그가 명상에 있어서 성경의 역할을 극소화한 것은 놀라운 일이 아닐 수 없다. 후일의 그의 저작들에서는 거의 예외 없이 명상과 성경의 불가분의 관계가 강조되어 있다. 그는 '성경을 바탕으로 한 명상' 을 몸소 실천하면서 가르쳤다. 그가 루디거 슐라이허에게 보낸 편지에서 언급한 '성경으로의 복귀' 는 1928년 당시로서는 아직 제대로 자리잡지 못한 상태였다.

그럼에도 불구하고, 우리는 여기서 모든 종류의 명상의 전제조건인 하나님 앞에서의 침묵을 요구하는 시편 기자의 입장에 본회퍼가 적극 동조하고 있음을 보게 된다.[22]

✳

시편 62편

1   **나의 영혼이 잠잠히 하나님만 바람이여,
     나의 구원이 그에게서 나는도다.**

수천년 전, 삶의 폭풍에 시달릴 대로 시달린 어느 고달픈 인생이 유대 성전의 고요함 속에서 하나님 앞에 무릎을 꿇었다. 거룩한 고요가 그의 영혼 깊숙한 곳을 꿰뚫자, 그의 입에서는 이런 말이 흘러나왔다. "나의 영혼이 잠잠히 하나님만 바람이여, 나의 구원이 그에게 나는도다." 오, 그대 고대의 시인이여, 그대는 우리가 동경하기는 하지만 너무나 멀기만 한 달콤한 꿈으로부터 멋진 환상을 보여 주는구려. 우리는 그대에게 마음이 끌리지만 그대를 이해할 수는 없구려. 우리에게 영혼의 침묵—하나님을 기다리는 영혼의 침묵—을 가르쳐 주구려.

마치 아기가 엄마 품 안에서 잠잠해지듯이, 젊은이가 자신의 영웅을 우러러보며 잠잠하듯이, 남편의 근심이 사랑하는 아내의 모습을 보면서 누그러들듯이, 진정한 벗이 서로의 눈을 들여다보며 침묵하듯이, 병든 사람이 좋은 의사 앞에서 마음을 놓듯이, 그리고 노인이 죽음을 목전에 두고 마음의 평온을 되찾듯이, 우리의 영혼은 하나님의 눈 앞에서 조급함과 불안으로부터 해방된다. 하나님의 손 그늘 밑에서 오늘 하루의 열기를 식히며 휴식함으로써, 우리의 갈증은 사라지고 우리의 열망은 참 행복이 된다. 우리의 영혼은 모든 걱정과 짐을 던져버리고, 하나님의 눈길 안에서 자유를 찾는다. "나의 영혼이 잠잠히 하나님만 바람이여....."

침묵은 더 이상 아무 것도 말할 수 없는 상태를 의미한다. 그것은 우리의 입술을 덮어 고요하게 만드는, 낯설지만 사랑스런 손길이다. 그리고 그것은 절대 타자의 압도적인 힘에 자신을 내어맡기고, 비록 잠시나마 자기 자신이 아니라 절대 타

자만을 바라보는 것을 의미한다. 그러나 그것은 우리에게 무엇인가를 말씀하시는 그 타자에 대한 기다림을 뜻하기도 한다. 하나님 앞에서 침묵한다는 것은 아마도 처음이자 마지막으로 우리에게 말씀해 주실 하나님께 여유 공간을 마련해 드리는 것이며, 무엇이 되었든 그 말씀을 영원토록 간직할 마음의 준비를 갖추는 것을 의미한다. 그것은 우리 자신을 정당화하는 것이 아니라, 우리 자신의 정당성에 관한 하나님의 말씀을 듣고자 기다리는 것이다. 침묵한다는 것은 결코 모든 활동을 중지하는 것을 의미하지 않는다. 오히려 그것은 하나님의 뜻 안에서 호흡하면서 그분의 말씀을 주의 깊게 듣고 거기에 기꺼이 순종하는 것을 뜻한다. 침묵의 시간은 우리가 하나님과 우리 자신에게 응답해야 하는 책임감 넘치는 시간이다. 하지만 그 시간은 우리가 하나님과 더불어 평화를 누리는 시간이자 은총의 시간이기도 하다. "나의 영혼이 잠잠히 바람이여." 이 말씀은 "주여, 말씀하소서. 당신의 종이 듣고 있나이다"라는 뜻이다.

"나의 영혼이 잠잠히 하나님만 바람이여, 나의 구원이 그에게서 나는도다." 하나님의 시간은 구원의 시간이다. 하나님은 이미 대답을 준비하고 계시며, 그 대답은 분주한 일상 생활에 시달리는 여인이든, 자비를 구하려고 하나님 앞에 나아온 병자이든, 사랑하던 사람을 잃고 슬픔에 빠진 사람이든, 죄짐을 지고 허덕이는 그 어떤 사람이든, 그분의 음성에 귀를 기울이는 모든 사람에게 동일하다. 하나님은 모든 사람-남녀 노소를 불문하고-에게 결정적인 말씀을 들려 주신다. "나는 너를 사랑하노라!" 하나님의 사랑의 불은 인간의 마음 속에 있는 모든 악하고 거짓된 것들, 그리고 고통의 근원이 되는 모든 것들을 불살라 버린다. 하나님 앞에서 침묵하는 것은 그분 앞에서 자기 자신을 낮추고 회개의 고통을 느끼는 것을 의미한다. 하지만 거기에는 사랑과 은총의 기쁨이 있다. "나의 영혼이 잠잠히 하나님만 바람이여, 나의 구원이 그에게서 나는도다." 만약에 우리의 영혼이 하나님께로 나아가는 길을 찾았다면, 그분은 분명히 우리를 구원해 주실 것이다.

오, 고대의 시인이여, 그대는 다시금 아름다운 것들을 노래하고 있건만, 그것을 이해하는 사람이 그토록 적은 까닭은 무엇이겠느뇨?

거기에는 두 가지 이유가 있다. 첫째, 우리는 잠시라도 혼자 있거나 자기 자신의 모습을 거울에 비춰 보는 것이 불안한 나머지 부지런히 이 사건 저 사건으로 옮겨 다니며 침묵을 거부하게 된다. 우리는 혼자 있는 시간이 무의미하고 불안하게 느껴질 때가 많다. 그리고 우리 자신의 진정한 모습을 발견하게 되는 것이 두렵게 느껴진다. 또한 우리 자신의 진정한 모습을 드러내 보여 주시고 당신이 뜻에 따라 우리를 당신의 고독 속으로 이끌어 가시는 하나님을 두려워한다. 결국, 우리는 하나님과의 두렵고도 적막한 만남이 무서운 나머지 침묵을 애써 거부하게 된다. 하나님과 직접 대면하여 그분 말씀에 대답하여야 한다는 것이 어찌 두렵지 않겠는가? 우리 입가에서 미소가 사라지고, 인생에 단 한 번만이라도 진정한 자세로 받아들여야 할 어떤 것 앞에서 우리는 두려움에 싸여 어찌할 바를 모른다. 이같은 불안은 우리 시대의 표징이다. 우리는 영원하신 분 앞에서 갑자기 자기 자신의 모습이 드러나는 것에 대한 미지의 두려움 속에서 살아 가고 있다.

두 번째 이유는 다음과 같다. 즉, 우리의 신앙생활이 너무나도 나태와 방종에 빠져 있다는 것이다. 아마도 한 번쯤은 단단히 결심을 하고 시작했겠지만, 우리는 얼마나 빨리 다시 잠에 빠져버리곤 하는가? 그리고 종교는 결단의 문제라고 하면서, 다시금 결단이 설 때까지-아마도 우리 삶이 끝나는 날까지-기다리고 또 기다린다. 하지만 이 모든 것 뒤에는 커다란 기만이 도사리고 있다. 종교를 결단이나 분위기의 문제로 생각하는 것은 자유일지 모르나, 하나님은 결코 우리의 결단이나 분위기에 따라 결정되는 분이 아니시다. 종교적인 분위기를 찾는 사람은 영원히 영적인 빈곤 상태에 머물 수밖에 없다. 만약에 어떤 화가가 분위기나 영감만 찾는다면, 그에게서 성공작을 기대하기란 매우 어려울 것이다. 예술이나 과학과 마찬가지로, 종교에 있어서도 고양된 흥분의 시간이 있는가 하면 냉철한 작업과 실천의 시간이 있는 법이다. 우리는 하나님과 대화를 나눌 줄 알아야 한다. 그렇지 않을 경우, 하나님이 돌연히 우리 앞에 당신의 모습을 드러내실 때 우리는 무슨 말을 어떻게 하여야 할지 망연자실하게 될 것이기 때문이다. 우리는 하나님과 대화할 수 있도록 하나님의 언어를 배우되, 주의를 집중하여 열심히 배워야 한다. 그리고 꾸준히 기도 생활을 하여야 한다.

우리는 감상주의와 종교를 혼동하는 일이 있어서는 안 된다. 종교는 일―아마도 인간이 할 수 있는 일 가운데 가장 어렵고도 거룩한 일―이다. 우리를 사랑하시며 항상 우리와 함께하시기를 원하시는 하나님이 계심에도 불구하고, "나는 종교와는 너무나 거리가 멀어" 하면서 그분께 등을 돌리는 것은 얼마나 외람된 일인가? 우리는 노력 없이는 발전할 수 없다는 것을 잘 알고 있다. 이는 우리가 하나님 앞에서 침묵의 수행을 꾸준히 실천하여야 하는 까닭이기도 하다. 거기에는 하나님의 말씀에 우리 자신을 드러내 놓고 그 말씀에 의해 판단받으려는 굿굿한 정신이 필요하다. 또한 하나님의 사랑 안에서 즐거워하며 날마다 새롭게 태어나려는 신실한 마음가짐이 필요하다.

여기서 우리는 다음과 같은 질문을 하게 된다. 하나님을 기다리는 고요한 침묵의 상태에 도달하기 위하여 우리는 무엇을 하여야 하는가? 이와 관련하여 나는 나 자신의 체험을 잠시 이야기할 수 있을 뿐이다. 영원하신 분의 임재를 체험하며 그분과 대화를 나누고, 그리하여 자신의 내면을 들여다보고 초월적인 세계를 바라볼 수 있는 침묵의 시간을 하루에 단 몇 분도 내지 못할 정도로 바쁜 사람은 아마 한 사람도 없을 것이다. 비록 몇 구절의 성경 말씀일지라도, 그것은 우리의 영혼이 아버지의 집, 평화가 있는 고향으로 가는 길을 가리켜 주기에 충분하다. 날마다 성실하게 이같이 행하는 사람은 누구나 언젠가는 풍성한 수확을 얻게 될 것이다.

시작은 항상 어려운 법이다. 처음 시작한 사람은 아마도 매우 어색하고 무모한 시도라는 생각이 들지도 모른다. 그러나 그러한 생각이 그리 오래 가지는 않을 것이다. 머지않아 그의 영혼이 충만하고 생동감이 넘치며 놀라운 힘을 얻게 될 것이기 때문이다. 그는 곧 하나님의 사랑 안에서 안식하는 영원한 침묵을 체험하게 될 것이다. 걱정과 슬픔, 불안과 초조, 혼돈과 소요, 근심과 헛된 꿈—이 모든 것들이 우리에게 구원을 베푸시는 하나님을 기다리는 침묵 속에서 완전히 고요하게 될 것이다.

세상 안에서는 참된 휴식과 만족이 있을 수 없다. 우리는 이 세상 속에서 항상 헐떡이며 살아 가게 마련이다. 만족은 더 큰 만족을 갈망한다. 부자는 더 부자가 되려고, 권력을 가진 자는 더 큰 권력을 가지려고 헐떡인다. 세상에는 완벽한 것이란 있을 수 없으며, 아무리 큰 성공이라도 항상 불완전하게 느껴질 수밖에 없다. 만약에 어딘가에 침묵과 휴식이 있다면, 그것은 하나님 안에서의 평화 가운데 있을 것이다. 모든 인간의 수고와 노력은 결국 하나님을 지향하고 있으며, 오로지 그분 안에서만 완전한 만족을 얻을 수 있다. 위대한 교부(敎父) 어거스틴은 이를 다음과 같은 아름다운 말로 표현하였다. "주 하나님, 당신은 온 천하와 만물을 당신 자신을 위해 창조하셨습니다. 우리의 마음은 당신 안에서 안식을 얻을 때까지 항상 불안하기만 합니다." 하나님께서 우리 모두에게 이같은 안식을 알게 해 주시기를, 그리고 당신의 침묵과 고독으로 우리를 인도해 주시기를 기원하면서 그분께 감사의 기도를 드린다.

시편 42편

1935년 6월 2일
부활절 후 여섯 번째 주일 설교

이 설교는 핀켄발데의 설교집에서 발견된 것으로, 명상 지침서로서 그 곳 신학교에서 복사되어 배포되었다. 이 안에서 우리는 본회퍼가 어떻게 성경 본문과 명상을 접목시켰으며 본문의 단어와 단어 사이를 어떻게 움직여 나갔는 지 알게 된다.[23]

시편 42편은 그가 어린 시절에 가장 좋아했던 성경 구절이었다. 열 네 살 되던 해에 그는 5절("내 영혼아, 네가 어찌하여 낙망하는가?")을 바탕으로 하여 칸타타를 작곡하기도 했다.

편집자 주 : (1) 시편 각 구절에 대한 주석을 마무리짓는 간단한 기도가 뒤따른다.

(2) 5절 하반부의 "그 얼굴의 도우심으로 인하여" 라는 문구는 우리에게 다소 낯설게 들릴지 모른다. 하지만 이는 본회퍼에게는 매우 친숙한 문구로서, 그에게는 '하나님의 얼굴'이 곧 그리스도를 의미했다.

(3) 본회퍼와는 달리, 나는 여기서 여성 대명사를 줄곧 사용하였다.

※

시편 42편

1 **하나님이여, 사슴이 시냇물을 찾기에 갈급함 같이
내 영혼이 주를 찾기에 갈급하나이다.**

그대는 싸늘한 가을 밤 숲 속에서 암사슴이 우는 소리를 들은 적이 있는가? 무엇인가를 갈망하는 듯한 그 울부짖음에 숲 전체가 떨려 넘친다. 여기 한 여인의 울부짖음이 있다. 그녀는 세상적인 유익이 아니라 하나님을 찾기 위해서 울부짖는다. 신실한 믿음을 지닌 그녀는 그녀 자신이 하나님으로부터 멀리 떨어져 있음을 깨닫고 그분의 은총과 구원을 갈망한다. 그녀는 이미 하나님의 도움과 사랑을 체험한 터라 그녀의 울부짖음은 결코 공허한 울부짖음이 아니다. 그녀는 그녀

자신의 하나님을 부른다. 우리는 우리가 이미 발견했던 하나님, 우리에게 당신 자신을 계시해 주셨던 하나님만을 찾을 수 있다.

제 영혼에 당신을 향한 커다란 열망을 일깨워 주신 주 하나님. 당신은 저를 아시고 저는 당신을 압니다. 당신을 찾도록 도와주시고, 당신을 발견하게 하소서. 아멘.

2 내 영혼이 하나님 곧 생존하시는 하나님을 갈망하나니, 내가 어느 때에 나아가서 하나님 앞에 뵈올꼬?

하나님께 대한 갈망-. 인간은 물을 마시지 않으면 갈증을 느끼게 마련이다. 또한 행복한 삶에 대한 욕구에서 오는 갈증 또한 대단하다. 단지 관념에 불과한 하나님은 이같은 우리의 갈증을 결코 해소시켜 줄 수 없다. 우리의 영혼은 살아 계신 하나님, 온전하고 참된 삶의 원천이신 하나님을 갈망한다. 그러면 하나님은 언제 우리의 갈증을 해소시켜 주시는가? 우리는 언제 그분의 임재를 체험하게 되는가? 하나님과 함께한다는 것은 모든 인생의 목표이자 그 자체가 영원한 삶이다. 우리는 십자가에 달리신 예수 그리스도와 함께하시는 하나님의 임재 가운데 있다. 만약에 바로 여기에서 하나님의 임재를 체험하게 되었다면, 우리는 그것을 영원히 기억하면서 더욱 더 갈급한 마음으로 그분의 임재를 기원하여야 한다. 예수께서는 이렇게 말씀하셨다. "누구든지 목마르거든 내게로 와서 마시라"(요한복음 7:37).

주님, 저희는 주님의 임재를 더욱 갈망합니다. 아멘.

3   사람들이 종일 나더러 하는 말이
    "네 하나님이 어디 있느뇨" 하니
    내 눈물이 주야로 음식이 되었도다.

네 하나님이 어디 있느뇨? 사람들은 의심하며 비웃는 말로
우리에게 묻는다. 사람들은 용기·권력·명예는 물론이려니
와 죽음·죄·전쟁·욕구도 알고 있다. 그러면서 우리에게
묻는다. 네 하나님이 어디 있느뇨? 우리는 아직 하나님을 뵙
지 못하였기에, 그래서 사람들에게 그분의 임재를 보여 줄 수
없기에 흘리는 눈물을 부끄러워할 필요가 없다. 그 눈물은
하나님을 찾기 위해 흘리는 눈물이며, 하나님은 그것을 기록
해 두신다(시편 56:8). 네 하나님이 어디 있느뇨? 이 물음에
우리는 과연 어떤 대답을 할 수 있겠는가? 우리는 단지 삶과
죽음과 부활로 하나님의 진정한 아들이심을 스스로 입증하
셨던 분을 가리킬 수밖에 없다. 그분은 죽음 속에서 우리의
생명이 되시고 죄악 속에서 우리의 용서가 되시며, 고뇌 속에
서 우리의 위안이 되시고 전쟁 속에서 우리의 평화가 되신
다. "우리는 그분을 가리키며 '저분이 바로 하나님이시다'

라고 말해야 한다"(루터).

주 예수님, 제가 이 세상에서 하나님의 능력과 사랑을 알지 못함으로
인하여 시험받을 때에 당신을 더욱 굳세게 믿고 바라보게 하소서. 당
신은 저의 주님이시자 하나님이시기 때문입니다. 아멘

4   내가 전에 성일을 지키는 무리와 동행하여
    기쁨과 찬송의 소리를 발하며
    저희를 하나님의 집으로 인도하였더니
    이제 이 일을 기억하고 내 마음이 상하는도다.

나는 완전히 혼자이다. 내 영혼을 쏟아 놓을 사람은 그 어
디에도 없다. 그래서 나는 하나님 앞에서 그분을 향하여 홀
로 울부짖는다. 고독 속에서, 근심에 먹히지 아니하고 자신
의 영혼을 쏟아 부을 수 있다는 것은 대단히 좋은 일이다. 하
지만 고독하면 고독할수록, 다른 그리스도인들과의 공동 기
도와 공동 찬양, 그리고 그들과의 따뜻한 친교를 더욱 갈망하
게 될 것이다. 우리는 하나님을 찾음으로써 예수 그리스도를
찾고, 예수 그리스도를 찾음으로써 믿음의 공동체인 교회를
찾게 된다.

하나님, 성령이시여, 저에게 믿음과 기도로 함께하면서 저를 짓누르
는 모든 것들을 함께 견딜 수 있는 형제, 자매들을 허락하소서. 저를
당신의 말씀으로, 당신의 교회-거룩한 공동체-로 인도하소서. 아멘.

5 내 영혼아, 네가 어찌하여 낙망하며
   어찌하여 내 속에 불안하여 하는고?
   너는 하나님을 바라라.
   그 얼굴의 도우심을 인하여
   내가 오히려 찬송하리로다.

낙망과 불안은 단지 잠깐 동안만 지속될 뿐이다. 그런 것들은 결코 그대의 영혼을 사로잡지 못한다. 그대의 영혼에게 말하라. 그것들이 그대를 괴롭히거나 슬프게 하지 못할 것이라고-. 그리고 오로지 하나님만을 신뢰하라고-. 갑작스런 행운을 기대하지 말고 하나님의 은총을 기대하라고-. 하나님의 얼굴이신 예수 그리스도가 너를 도우시며, 그로 인해 나는 그분께 감사를 드린다.

삼위일체 하나님, 저의 마음을 굳세게 하여 주시고 주님과 주님의 도움만을 의지하게 하소서. 그리하여 저에게 도움을 베풀어 주시고 영원히 주님께 감사하게 하소서. 아멘.

6 내 하나님이여
   내 영혼이 내 속에 낙망되므로
   내가 요단 땅과 헤르몬과 미살산에서
   주를 기억하나이다.

사람의 마음은 스스로 위로받을 줄을 모르고 한 가지 슬픔에서 또다른 슬픔으로 추락한다. 그것은 오로지 하나님에 의해서만 위로받을 수 있다. 예루살렘 성전으로부터 그리고 교회와 성도들로부터 멀리 떨어져, 위로받고자 하는 마음은 사무치는 그리움 속에서 흐느낀다. 마음은 하나님을 기억하며, 평화와 기쁨에 가득찬 영적인 고향집을 생각한다. 그리운 고향집을 언제 다시 보게 될 것인가.

아버지, 당신께서 저를 낯선 곳으로 보내시면 저는 영적인 집에 대한 동경 속에서 살아 가게 될 것이고, 당신은 제 생각을 저희를 위로하시는 곳인 영원한 고향으로 인도하실 것입니다. 아멘.

7 주의 폭포 소리에 깊은 바다가 서로 부르며
   주의 파도와 물결이 나를 엄몰하도소이다.

그대에게는 깊은 바다가 서로 노호하고 파도와 물결이 한 여인의 몸을 휩쓸고 지나가는 소리가 들리는가? 그녀는 허우적거리며 발버둥치지만, 몸에서 점점 힘이 빠져 나가 금방이라도 파도에 휩쓸려 죽을 것만 같다. 세상은 바로 이런 식으로 우리를 지배한다. 그대는 바람과 바다가 복종하며, 일어나 바다를 꾸짖어 잠잠케 하신 분을 알고 있는가?

주 예수 그리스도여 저를 빠지지 않게 하소서.
권능의 말씀으로 저를 구원하소서!
오직 당신만이 저를 도우실 수 있습니다. 아멘.

8 낮에는 여호와께서 그 인자함을 베푸시고
밤에는 그 찬송이 내게 있어
생명의 하나님께 기도하리라.

우리가 하나님을 떠나 살아 갈 때, 하루의 낮과 밤은 얼마나 길고 고통스러운가? 그러나 하나님을 사랑하는 사람들에게는 모든 일이 합하여 선한 것이 됨을 알고 하나님의 신실하심과 선하심을 믿을 때에는 최악의 날이 가장 행복한 날이 될 수도 있다. 그리고 나에게 생명을 주시고 나에게서 죽음이 아니라 삶을 바라시는 하나님을 찬양하며 기도할 때에는 깊고 어두운 밤도 지극히 평온하고 자유로운 밤이 된다. 하나님의 약속들은 모두 신실한 것이며, 우리가 그것들을 믿고 고대하는 한 매년 매주 매일 밤낮으로 실현된다.

하나님, 성령이시여, 당신의 약속들이 저에게 이루어지게 하소서.
저는 밤낮으로 이미 준비되어 있습니다. 저를 완전히 채우소서. 아멘.

9 내 반석이신 하나님께 말하기를
"어찌하여 나를 잊으셨나이까?
내가 어찌하여 원수의 압제로 인하여
슬프게 다니나이까?" 하리로다.

당신은 어찌하여 나를 잊으셨나이까? 그리스도인들은 세상적인 희망이 날아가 버리고 절망과 좌절에 빠졌을 때 이런 질문을 하곤 한다. 하지만 문제는 질문을 하는 바로 그 사람들이다. 우리의 삶은 막연한 운명이 아니라 영원한 생명의 원천이시요 "나에게 힘을 주시는 하나님"을 의지하여야 한다. 나는 의심 속에서 절망하지만 하나님은 언제나 모든 권능의 원천이시다. 나는 동요되지만 하나님은 흔들림이 없으시다. 나는 거짓되나, 하나님은 언제까지나 진실되시다. 하나님은 내게 힘을 주시는 분이시다.

주님, 나의 하나님, 제가 매 순간마다 의지할 권능의 구원자가 되어 주소서. 아멘.

10 내 뼈를 찌르는 칼 같이
    내 대적이 나를 비방하여 늘 말하기를
    "네 하나님이 어디 있느냐?" 하는도다.

옛부터 믿음의 사람들은 세상 사람들의 조롱을 견뎌 왔고 자신들의 믿음으로 인해 웃음거리가 되어 왔다. 단 하루라도 하나님의 이름이 의심과 모독의 대상이 되지 않는 날이 없다는 것은 너무나도 슬픈 일이다. 지금 네 하나님이 어디 있느냐? 하지만 나는 세상과 하나님의 원수들 앞에서 이렇게 고백한다. 깊은 고통 속에서 그분의 생명을, 패배 속에서 그분의 승리를, 포기 속에서 그분의 은혜로운 임재를 나는 굳게 믿노라고-. 예수 그리스도의 십자가 안에서 하나님을 발견한 사람은 누구나 세상 안에서 하나님이 당신 자신의 모습을 얼마나 신비롭게 감추시는지, 그리고 멀리 계시다고 생각되는 하나님이 얼마나 우리 가까이에 계시는지를 잘 안다. 그리고 자기 자신이 하나님의 용서를 받은 몸이기에 자신의 모든 적들을 기꺼이 용서할 줄 안다.

하나님, 제가 부끄러움과 치욕으로 고통받을 때 저를 저버리지 마시옵소서. 당신이 저를 용서하셨듯이 하나님을 무시하는 모든 사람들을 용서하소서. 그리고 마침내 당신의 사랑하는 아들의 십자가에 의하여 저희 모두를 당신께로 인도하소서. 아멘.

11 **내 영혼아 네가 어찌하여 낙망하며**
    어찌하여 내 속에서 불안하여 하는고?
    너는 하나님을 바라라.

바로 지금, 걱정 근심을 모두 내려 놓고 기다리라! 하나님은 도움의 시간을 예비하고 계시며, 그 시간은 하나님이 하나님이신 것과 같이 반드시 오고야 말 것이다. 그분은 그대에게 도움을 베푸실 것이다. 왜냐하면 그분은 그대를 창조하기 전부터 이미 그대를 알고 그대를 사랑하셨기 때문이다. 그분은 결코 그대가 몰락하기를 원치 않으신다. 그대는 그분의 손 안에 있다. 결국, 그대는 자신에게 일어난 모든 일로 인해 그분께 감사하게 될 것이다. 그리고 전능하신 하나님이 바로 그대 자신의 하나님이심을 깨닫게 될 것이다. 그대의 구원은 예수 그리스도 안에 있다.

삼위일체의 하나님, 저를 선택하여 주시고 사랑하여 주심을 감사드립니다. 저를 인도하여 주시는 모든 은혜에 감사드립니다. 당신이 저의 하나님임을 감사드립니다. 아멘.

시편 50편 1-6절

강림절*을 위한 설교 개요

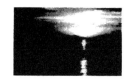

1935년은 핀켄발데에서 신학교가 운영되기 시작한 첫 해였다. 이 해에 본회퍼는 신학생들에게 그리스도의 제자가 되기 위해서 치러야 하는 대가에 관하여 가르쳤다. 그러나 강림절 기간 중 나치 정권이 고백교회를 묵과하지 않을 것임이 분명해졌다. 12월 2일에 통과된 법안은 국가교회 내부의 어떠한 집단도 교회의 재정, 성직자의 시험, 안수와 관련하여 독자적인 행위를 할 수 없게끔 규정되어 있었다. 한 성직 수임 후보자는 1935년 12월 8일 친구들에

---

*강림절(Advent): 성탄절 전 4주 간의 기간 - 옮긴이 주.

게 쓴 편지에서 다음과 같이 기술하였다. "이제는 우리가 여기서 하고 있는 모든 일들이 국법에 위배되는 불법적인 것들이 되고 말았다." 이 문제와 관련하여 베트게는 다음과 같이 논평하고 있다. "프로테스탄트 교회는 악법을 반대하는 데 그리 익숙지 않았다. 하지만 1935년 이후로는 저항이 뚜렷하게 증가하는 추세를 보이고 있다."

당신의 백성들에 대한 하나님의 심판을 주제로 한 이 시편은 아마도 당시의 타락한 독일 교회에 대한 심판이라는 맥락에서 읽혀졌을 것이다. 하나님의 심판이 당신 자신의 집(교회)에서 시작되는 것으로 기술하고 있는 베드로전서의 본문은 본회퍼가 이 설교 개요에서처럼 자주 인용하는 문구였다.[24]

✳

시편 50편

1 전능하신 자 하나님 여호와께서 말씀하시사
   해 돋는 데서부터 지는 데까지 세상을 부르셨도다.

하나님은 창조의 첫날 말씀하신 이후로 세상을 부르시며 말씀을 계속하신다. 그리하여 당신의 말씀과 명령으로 창조된 피조물들에게 사랑을 보여 주신다.

2 온전히 아름다운 시온에서
   하나님이 빛을 발하셨도다.

자연의 공포 속에서는 우리가 하나님의 이름을 기억하기조차 어렵다. 우리는 그분에 관하여 아무 말도 할 수 없다. 실제로, 하나님은 우리가 아니라 이 세상을 상대로 말씀하신다. 그러나 하나님은 시온으로부터 우리를 찾아 오신다. 여기서 그분은 우리에게 당신의 자비와 영광을 보여 주시려 한다. 여기서는 그분의 모습이 마치 어두운 밤이 지난 후 아침의 영광과도 같다. 그분이 거하기로 작정하신 곳, 그분의 약속과 신실하심의 장소-시온-에서 창조주는 당신의 모습을 드러내신다. 그분은 은총과 자비로 당신의 영광을 드러내시고, 무한한 사랑 가운데 당신의 아름다움을 드러내신다.

3 우리 하나님이 임하사 잠잠치 아니하시니
    그 앞에는 불이 삼키고
    그 사방에는 광풍이 불리로다.

4 하나님이 그 백성을 판단하시려고
    윗 하늘과 아래 땅에 반포하여

이 찬란한 영광 속에서 창조주 하나님은 우리의 하나님으로서 시온에서 오신다. 그분은 침묵하지 않으시고 우리에게 말씀하심으로 당신이 우리의 하나님이심을 보여 주신다. 시온으로부터 우리에게 들려 오는 하나님의 말씀은 베들레헴에서 비춰 오는 영광이다. 에덴동산 천사의 불칼같이, 얍복강에서 하나님과 힘껏 씨름하던 야곱같이, 활활 타오르는 화염이 하나님을 앞서 간다. 이와 마찬가지로 세례 요한은 그리스도를 앞서 나갔다. 그는 백성들 앞에 나아가 하나님의 심판을 선포하였다. 그러므로 강림절과 성탄절의 메시지는 모두 섬뜩한 내용이었다. "예수 그리스도께 찬양을..... 주여 자비를 베푸소서."

하나님은 정말로 당신의 백성을 심판하러 오시는가? "내가 너희만 알았나니....."(아모스 3:2). "하나님의 집에서 심판할 때가 되었나니....."(베드로전서 4:17). 번개는 키가 큰 나무부터 먼저 내려치는 법이다. 그러나 하나님의 백성들은 주님의 심판과 자비로 인해 거룩하게 될 것이다. 그들은 천사의 불칼을 통과하여야만 약속의 땅에 이를 수 있다. 오직 심판을 통해서만 하나님의 은총과 자비와 용서가 나타난다.

> 5 이르시되 "나의 성도를 네 앞에 모으라.
> 곧 제사로 나와 언약한 자니라" 하시도다.

주님을 따르는 자들은 십자가의 희생을 통해서 거룩하게 정화되어 왔다. 강림절을 배경으로 주님의 십자가가 보이기 시작한다. 이 희생으로 말미암아 하나님의 심판과 자비가 하나가 된다.

6 **하늘이 그 공의를 선포하리니**
  하나님 그는 심판장이심이로다.

성탄절에 하늘이 열리고 바로 그 하늘이 성 금요일에 어두워지듯이, 이 시편은 창조된 모든 것들이 믿는 자들의 공동체에 헌신해야 함을 강조한다. 그것이 바로 그들이 창조된 목적이다. 피조물들이 하는 모든 말들은 시온에서 나오는 말씀을 섬겨야 한다. 언젠가 하나님이 당신의 신실한 종들 한복판에서 계실 때, 그분의 공의가 모든 피조물에 의해 널리 선포될 것이다. 그리고 그분의 공의가 베들레헴에서 시작되어 골고다에서 실현되었다는 사실이 밝게 드러나게 될 것이다. 그리하여 하늘과 땅이 그분께 경배를 드리고, 그리스도가 온 땅의 심판자로 나타나실 것이다.

시편 90편

본회퍼가 할머니 장례식에서 한 설교

이 설교는 디트리히 본회퍼가 1936년 1월 15일 베를린에서 그의 할머니 장례식에서 행한 것이다. 그의 할머니는 이 설교에 나타나 있듯이 매우 강한 성격의 소유자였다. 91세가 되던 1933년 4월, 할머니는 나치 대원을 무시한 채 한 유대인 상점에 들어가 딸기를 삼으로써 나치의 유대인 상점 불매 조치에 정면으로 도전하였다.

본회퍼는 이 자리에서, 한 해의 마지막 날이면 언제나 자신의 집에서 읽혀지곤 했던 시편 90편으로 설교하였다.[25]

✳

시편 90편

1 주여, 주는 대대에 우리의 거처가 되셨나이다.

2 산이 생기기 전,
   땅과 세계도 주께서 조성하시기 전
   곧 영원부터 영원까지 주는 하나님이시니이다.

3 주께서 사람을 티끌로 돌아가게 하시고
   말씀하시기를 "너희 인생들은 돌아가라" 하셨사오니

4 주의 목전에는 천년이 지나간 어제 같으며
   밤의 한 경점 같을 뿐임이니다.

5 주께서 저희를 홍수같이 쓸어가시나이다.
   저희는 잠깐 자는 것 같으며
   아침에 돋는 풀 같으니이다.

6 풀은 아침에 꽃피어 자라다가
   저녁에는 벤 바 되어 마르나이다.

7 우리는 주의 노에 소멸되며
   주의 분내심이 놀라나이다.

8   주께서 우리의 죄악을 주 앞에 놓으시며
     우리의 은밀한 죄를 주의 얼굴빛 가운데 두셨사오니

9   우리의 모든 날이 주의 분노 중에 지나가며
     우리의 평생이 일식간에 다하였나이다.

10   우리의 연수가 칠십이요 강건하면 팔십이라도
     그 연수의 자랑은 수고와 슬픔뿐이요
     신속히 가니 우리가 날아가나이다.

11   누가 능히 주의 노의 능력을 알며
     누가 주를 두려워하여야 할 대로 주의 진노를 알리이까?

12   우리에게 우리의 날 계수함을 가르치사
     지혜의 마음을 얻게 하소서.

13   여호와여, 돌아오소서. 언제까지니이까?
     주의 종들을 긍휼히 여기소서.

14   아침에 주의 인자로 우리를 만족케 하사
     우리 평생에 즐겁고 기쁘게 하소서.

15   우리를 곤고케 하신 날수대로와
     우리의 화를 당한 연수대로 기쁘게 하소서.

16   주의 행사를 주의 종들에게 나타내시며
     주의 영광을 저희 자손에게 나타내소서.

17 주 우리 하나님의 은총을 우리에게 임하게 하사
우리 손의 행사를 우리에게 견고케 하소서.
우리 손의 행사를 견고케 하소서.

오늘 우리가 이 세상을 떠나신 할머니 무덤가에 서 있는 것을 진심으로 하나님께 감사드립니다. 선하신 하나님은 지금까지 우리가 할머니의 사랑을 듬뿍듬뿍 받으며 커 올 수 있게 해 주셨습니다. 우리는 할머니를 생각하지 않고서는 우리 자신의 삶을 생각할 수 없을 것입니다. 할머니는 언제나 우리 편이셨고 앞으로도 영원히 그러실 것입니다. 하나님은 그분께 항상 선하심으로 대해 주셨고, 그분의 임종시에도 역시 그러하셨습니다. 하나님은 그분을 결코 쓸쓸히 떠나가게 하지 않으셨습니다. 하나님은 할머니께 자식들과 손자들을 선물로 주셨고, 마지막으로 위독한 병중에도 지금까지 매년 그랬던 것처럼 온 가족이 둘러앉아 성탄절 전야를 축하할 수 있도록 며칠 간의 건강과 행복을 허락해 주셨습니다. 할머니는 임종하시기까지 우리 가족 한 사람 한 사람을 사랑과 지혜로 대해 주셨습니다. 그분은 가까운 사람들의 안부를 일일이 물으시며 그들을 위해 기도하곤 하셨습니다. 하나님은 또한 할머니로 하여금 그분 자신의 처지를 분명히 깨닫게 하셨고, 자신의 운명을 그대로 받아들일 수 있는 힘을 주셨습니다. 우리는 오늘 할머니가 더 이상 우리 곁에 계시지 않는 것을 슬퍼하면서도, 하나님께 대한 감사를 결코 잊지 않을 것입니다.

"주여, 주는 대대에 우리의 거처가 되셨나이다." 우리 할머니의 인생만큼 길고 고달픈 인생에 있어서는 특별한 피난처가 필요한 법입니다. 할머니는 일찍이 부친을 여의시고 두 아들을 어려서 잃으셨으며 세 명의 손자까지 전쟁 중에 잃으셨습니다. 그리고 나이가 드신 후 할아버지와 사별하시고, 형제 자매분들이 세상을 떠나시고, 몇 년 전 그분의 장남이신 오토 큰아버지까지 세상을 떠나자 더욱 적적한 나날을 보내 오셨습니다. 하나님은 눈에 띌 정도로 할머니의 인생에 깊숙이 개입하셨고, 할머니는 어려서부터 배워 온 진리를 거듭거듭 깨달으셔야 했습니다.

"주여, 주는 대대에 우리의 거처가 되셨나이다. 산이 생기기 전, 땅과 세계도 주께서 조성하시기 전, 곧 영원부터 영원까지 주는 하나님이시니이다."

할머니는 투병 중에도 이 말씀을 굳게 붙드셨습니다. 그러시면서 하나님의 뜻에 당신 자신을 맡기고 모든 고통을 묵묵히 불평 없이 참아 내시면서 어쩔 수 없는 일들은 그대로 받아들이셨습니다. 이 모든 일들 가운데 할머니는 이루 형언키 어려운 행복감과 인생에 대한 긍정적인 자세를 보여 주셨습니다. 할머니는 바로 이렇게 삶을 이해하고 살아 가시다가 바로 이렇게 세상을 떠나셨고, 남아 있는 우리도 바로 이렇게 그분을 알고 그분을 사랑하여야 할 것입니다.

"주께서 사람을 티끌로 돌아가게 하시고 말씀하시기를 '너희 인생들은 돌아가라' 하셨사오니....." 할머니는 이 "돌아가라"는 말씀을 평생토록 가슴에 품고 사셨으며, 그것은 그분의 인생에 있어서 가장 큰 기쁨이었습니다. 할머니는 언제나 자식들, 손자들, 증손자들과 함께 시간을 보내시면서 화평하고 다정한 모습을 보여 주셨습니다. 그분은 비록 우리와 함께 어려운 상황에 부딪치기도 하셨지만, 그분의 판단과 조언은 언제나 인간만사를 포용하는 지혜와 사랑으로 가득찬 것이었습니다. 그분은 새로운 세대가 태어나 성장하는 것을 바라보시며 당신께서 가셔야 할 길을 준비하셨습니다. 할머니의 모든 경험과 지혜를 회고해 볼 때, 우리는 인간의 모든 지식과 판단 그리고 인생 그 자체의 한계를 느끼게 됩니다. "주의 목전에는 천년이 지나간 어제 같으며 밤의 한 경점 같을 뿐임이니다."

"우리의 연수가 칠십이요 강건하면 팔십이라도 그 연수의 자랑은 수고와 슬픔 뿐이요 신속히 가니 우리가 날아가나이다." 할머니는 93세의 나이로 세상을 떠나셨고, 새로운 시대를 우리에게 유산으로 물려 주셨습니다. 하지만 그분께서 가신 길은 우리 모두가 가야 할 길이며 우리 모두가 반드시 지켜야 할 길입니다. 그분의 삶은 결코 짓밟힐 수 없는 자유에 대한 굳센 의지, 자유로운 인간으로서의 자유분방한 언행, 어떠한 약속이든 반드시 지키고야 마는 신실성, 그리고 분명하고 다정스러운 대인관계 등 온갖 미덕으로 가득찬 것이었습니다. 그분은 어떤 목표를 실현하기 위해서는 반드시 많은 수고와 노력이 필요하다는 것을 너무나 잘 알고 계셨습니다. 그분은 결코 그러한 수고와 노력으로부터 도피하지 않으셨습니다. 그분은 삶의 참된 가치들이 짓밟히고 인권이 유린당하는 것을 묵과하지 못하셨습니다. 그래서 돌아가시기 몇 년 전부터 독일 내 유대인의 운명 때문에 큰 슬픔에 짓눌려 계셨습니다. 그분은 그들과 함께 눈물을 흘리셨고 그들을 위하여 고통받으셨습니다. 우리 할머니는 보통사람과는 전혀 다른 차원의 영혼을 지니신 분이었으며 그분의 영혼은 결코 이 무덤 속에 묻히지 않을 것입니다. 우리가 감사함으로 물려 받은 그분의 유산은 오늘 이곳에서 우리 모두를 하나로 결속시켜 줍니다.

"우리에게 우리의 날 계수함을 가르치사 지혜의 마음을 얻게 하소서." 우리는 할머니의 삶뿐만 아니라 그분의 죽음에서도 많은 것들을 배우게 됩니다. 그분만큼 양심적이며 지혜로운 삶을 살았던 사람도 드물 것이건만, 그분 역시 모든 인간적인 것들을 지배하는 죽음의 법칙을 벗어나실 수는 없으셨습니다. 하지만 우리는 각자의 이상과 꿈을 품고 수고함으로 오늘 하루를 살아 가야 합니다. 우리의 마음은 인생의 한계를 깨달음으로써, 아니 더 나아가 영원에서 영원까지 계시는 하나님이 그 한계를 초월하시는 분이심을 깨달음으로써 지혜롭게 됩니다. 우리가 원하든 원치 않든, 결국 우리는 하나님의 손 안에 떨어지게 됩니다. 그리고 할머니는 지금 그분의 손 안에서 영원한 평화를 누리고 계십니다.

할머니의 인생처럼 충실되고 풍성한 삶에 대하여 무슨 말이 더 필요하겠습니까? 우리는 모든 슬픔과 비통함에서 벗어날 수 있는 피난처이신 하나님을 바라보아야 합니다. 그리고 온전한 진리이자 사랑이시며, 온전히 의로우시고 자유하신 예수 그리스도를 바라보아야 합니다. 우리는 예수 그리스도의 십자가 안에 있는 무한한 사랑을 통해서 모든 증오와 불의를 극복하시는 하나님을 바라보아야 합니다. 할머니께서 영원 속에서 죄와 죽음 아래 이곳에 무엇이 묻혀 있는지를 분명하게 보실 수 있기를, 그리고 예수 그리스도 안에서 하나님의 영원한 얼굴을 분명하게 보실 수 있기를 기원합니다.

처음과 나중, 그것들은 당신의 것입니다.
제 인생은 그 사이에 걸쳐 있습니다.
만약 제가 어두움 속에 넘어져 갈 길을 찾지 못하면
그 날처럼 밝게 당신의 집이 빛날 것입니다.

이제 우리는 더 이상 슬퍼하지 않을 것입니다. 그러는 것은 할머니께서 원하시는 바가 아닐 것입니다. 그분은 결코 우리가 슬퍼하기를 원치 않으실 것입니다. 우리는 우리의 일터로, 우리의 일상생활로 되돌아 가야 합니다. 그것이 바로 할머니께서 원하시는 바일 것입니다. 그분은 무엇보다도 일과 일상의 수고를 사랑하셨습니다. 우리는 그분의 삶과 죽음, 그리고 우리의 피난처가 되시는 하나님과 예수 그리스도의 사랑으로 무장하고 이곳으로부터 힘차게 전진하여야 할 것입니다. "주 우리 하나님의 은총을 우리에게 임하게 하사 우리 손의 행사를 우리에게 견고케 하소서. 우리 손의 행사를 견고케 하소서." 아멘.

시편 58편

복수의 시편에 대한 설교

이 설교는 본회퍼 선집에 1937년 7월 11일에 행한 것으로 기록되어 있다. 1937년은 고백교회에 대한 게슈타포의 감시가 무섭도록 강화된 해였다. "1937년이 끝나갈 무렵, 무려 804명의 고백교회 회원들이 장기 또는 단기의 형기(刑期)로 수감되어 있었다." 마르틴 니묄러 목사는 8년의 형기로 1937년 7월 1일 나치에 의해서 투옥되었다. 본회퍼는 미처 상황 파악을 제대로 하지 못한 채 교회의 저항운동 동지를 만나러 갔다가 게슈타포에 의해 연금된 채로 니묄러 목사의 집이 수색당하는 광경을 목격하였다. "1937년 7월 박해의 물결이 옛 핀켄발데 동지들을 엄습하기 시작했다. 동지들 사이에 주고받은 편지는 심문, 가택수색, 몰수, 체포에 관한 이야기로 가득 채워져 있었다." 핀켄

발데의 신학생을 아들로 둔 어느 어머니는 투옥된 아들 친구를 면회하고 나서 아들에게 이렇게 편지했다. "감방 문 위에는 '복음주의 목회자'라고 큰 글씨로 씌어 있다. 그들은 하루에 반 시간 가량만 신선한 공기를 숨쉴 수 있다..... 네 친구는 몹시 고통받고 있다." 1937년 11월 28일, 마침내 게슈타포는 필켄발데 신학교의 문들을 완전히 봉쇄해 버리고 말았다. 이 해가 끝나갈 무렵, 본회퍼는 어느 편지에서 이러한 "적 그리스도의 권세에 의해 날로 증가하는 참을 수 없는 탄압"에 관하여 언급하였다.

시편 58편에 대한 설교는 이러한 상황 속에서 행하여졌다. 이는 그리스도인들이 하나님의 심판의 대행자로서 어떤 직접적인 역할의 수행을 자제하는 가운데, 나치 정권에 대한 하나님의 심판을 선언한 것으로 볼 수 있다. 본회퍼가 지하 저항조직에 가담한 것은 이로부터 2년 후였다.[26]

✳

시편 58편

1 인자들아, 너희가 당연히 공의를 말하겠거늘
   어찌 잠잠하느뇨? 너희가 정직히 판단하느뇨?
2 오히려 너희가 중심에 악을 행하며
   땅에서 너희 손의 강포를 달아 주는도다.

3 악인은 모태에서 멀어졌음이여,
   나면서부터 곁길로 나아가 거짓을 말하는도다.

4   저희의 독은 뱀의 독 같으며
     저희는 귀를 막은 귀머거리 독사 같으니

5   곧 술사가 아무리 공교한 방술을 행할지라도
     그 소리를 듣지 아니하는 독사로다.

6   하나님이여, 저희 입에서 이를 꺾으소서.
     여호와여, 젊은 사자의 어금니를 꺾어 내시며

7   저희로 급히 흐르는 물같이 사라지게 하시며
     겨누는 살이 꺾임 같게 하시며

8   소멸하여 가는 달팽이 같게 하시며
     만기되지 못하여 출생한 자가
     일광을 보지 못함 같게 하소서.

9   가시나무 불이 가마를 더움게 하기 전에
     저가 생 것과 불붙는 것을
     회리바람으로 제하여 버리시리로다.

10   의인은 악인의 보복을 당함을 보고 기뻐함이여,
     그 발을 악인의 피에 씻으리로다.

11   때에 사람의 말이 "진실로 의인에게 갚음이 있고
     진실로 땅에서 판단하시는 하나님이 계시다" 하리로다.

이처럼 무서운 복수의 시편도 우리의 기도가 될 수 있겠습니까? 과연 우리는 이런 식으로 기도해도 되겠습니까? 절대로 그렇지 않습니다. 우리를 괴롭히는 적들의 행동에 대하여도 우리 자신이 지은 죄가 너무나 많기 때문입니다. 우리 죄많은 인간들을 채찍질하여 겸비하게 해 준다는 점에서 우리는 하나님의 정의로운 심판을 받아들일 줄 알아야 합니다. 교회가 엄청난 고통을 받고 있는 오늘날에 있어서도 하나님은 우리의 영적인 나태, 불순종, 일상생활에 있어서 그분의 말씀을 가까이 하지 않는 것 등으로 인해 우리에게 분노의 팔을 드십니다. 아무리 감추려고 해도, 모든 인간적인 죄악이 우리에게 하나님의 분노를 가져온다는 것을 부인할 수 있겠습니까? 우리 자신의 죄악으로 인해 하나님의 분노를 사 마땅한 우리로서 어떻게 적들에게 하나님의 복수가 임하기를 기원할 수 있겠습니까? 그러한 복수심으로 인해 우리에게 내리는 징벌이 훨씬 더 커지지 않겠습니까? 아닙니다. 우리는 결코 이 시편으로 기도해서는 안 됩니다. 우리 자신이 너무 선해서가(이렇게 생각한다는 것은 아둔한 교만입니다) 아니라 너무 죄가 많고 악하기 때문입니다.

이런 식으로 기도할 수 있는 사람은 오로지 죄 없는 사람 뿐입니다. 이 복수의 시편은 완전히 무죄한 사람의 기도입니다. 비록 다윗은 무죄하지 않았지만 그리스도를 대신해서 이같은 기도를 드렸습니다. 하나님은 다윗의 자손이라 불리우게 될 예수 그리스도를 다윗에게서 예비하신 것을 매우 기뻐하셨습니다. 그러므로 장차 이 땅 위에 오시게 될 그리스도로 인해서 다윗은 결코 그의 적들의 손에 멸망할 수 없게끔 예정되어 있었습니다. 다윗은 자신의 목숨을 부지하기 위하여 이런 식으로 적들에 대한 복수를 갈구하는 기도를 할 수 없는 입장이었습니다. 우리가 다윗에 관하여 알고 있는 바에 의하면, 그는 자신을 괴롭히는 사람들의 능욕을 묵묵히 참아 냈습니다. 하지만 다윗 안에 그리스도가, 그리고 하나님의 교회가 있었습니다. 바로 이것이 적들의 손에 다윗이 멸망하지 않은 이유입니다. 그러므로 다윗과 더불어, 그리고 하나님의 교회와 더불어 이 시편으로 기도하고 있는 분은 완전히 무죄하신 그리스도이십니다. 그리스도의 무죄하심은 세상을 앞서 가면서 인간의 죄를 추궁합니다. 그리스도께서 죄 많은 세상을 책망하실 때, 우리 또한 세상과 함께 책망받지 않겠습니까?

1   **인자들아, 너희가 당연히 공의를 말하겠거늘
      어찌 잠잠하느뇨? 너희가 정직히 판단하느뇨?**

악한 시대에는 세상이 불의를 행하고도 침묵으로 일관합니다. 압박과 가난으로 고통받는 사람들이 하늘을 향하여 울부짖어도 세상의 통치자들과 재판관들은 입을 다물고 침묵할 뿐입니다. 어려운 시기를 맞은 그리스도인들이 모진 박해 속에서 하나님께 도움을, 사람들에게 정의를 구하더라도 이 땅 위의 사람들은 그 누구도 입을 열려고 하지 않습니다. "인자들아, 너희가 당연히 공의를 말하겠거늘 어찌 잠잠하느뇨? 너희가 정직히 판단하느뇨?"

오늘날 많은 사람들이 이 땅 위에서 불의와 압제에 신음하고 있습니다. 들어 보십시오. 우리와 마찬가지로 하나님의 피조물인 그들은, 역시 우리와 마찬가지로 고통과 슬픔을 체험합니다. 그들 역시 희망과 행복을 추구하며 명예와 수치를 느낍니다. 우리와 마찬가지로 죄인으로서 하나님의 자비를 구하는 그 사람들은 바로 우리의 형제 자매입니다! "어찌 잠잠하느뇨?" 아닙니다, 우리는 결코 벙어리가 아닙니다. 우리의 목소리는 땅 위에 낭랑하게 울려 퍼집니다. 그러나 우리가 하는 말은 편파적이고 무자비하며, 우리는 하나님의 공의에 비추어 판단하려고 하지 않습니다.

2 오히려 너희가 중심에 악을 행하며
땅에서 너희 손의 강포를 달아 주는도다.

손으로 폭력을 행하는 세상의 통치자들의 입이 불의에 대하여 침묵한다면, 고난과 신체적 고통을 야기하는 무법 행위가 얼마나 무섭게 자행되겠습니까? 박해받고 투옥되고 구타

당하는 그리스도인들은 구원의 손길을 간절히 기다립니다. 하나님의 손에는 넘겨지더라도 사람들의 손에는 넘겨지지 않는 것이 저의 간절한 소망입니다. 우리에게 들을 귀만 있다면 지금 여기서도 그리스도의 말씀을 들을 수 있을 것입니다. 그분은 부당한 판결을 받고 사람들의 손에 넘겨지셨습니다. 본문 속의 책망의 말씀은 바로 그리스도의 무죄에서 나오는 것입니다. 하지만 죄많은 우리는 오로지 의로우신 하나님의 분노의 대상이 될 뿐입니다. 그러므로 본문에서는 인간에게 공통된 죄악이 아니라 거룩하신 하나님의 신비 그 자체가 계시되고 있는 것입니다.

3 악인은 모래에서 멀어졌음이여,
   나면서부터 곁길로 나아가 거짓을 말하는도다.

완전히 무죄한 눈이 아니면 악의 깊이를 이처럼 정확하게 꿰뚫어 볼 수 없을 것입니다. 우리는 자신의 처지를 바꾸고 개선할 수 있는 능력이 있다고 믿으면서, 온갖 방법과 수단을 동원하여 좀더 나은 변화를 추구합니다. 하지만 불의에 의해 그러한 시도가 좌절될 때면 새로운 분노와 혼돈 속에 빠져들곤 합니다. 악인들의 술수와 사탄의 음모는 오로지 무죄한 눈만이 파헤칠 수 있습니다. 그리고 그러한 눈은 모든 일들-선한 일이든 악한 일이든-이 처음부터 그렇게 일어나야 한다는 사실을 간파합니다. 세상은 세상으로 남고, 사단은 사단으로 남습니다. 이처럼 심오한 이해와 통찰력 속에서 무죄한 눈은 완전한 평화를 누립니다.

4 저희의 독은 뱀의 독 같으며
   저희는 귀를 막은 귀머거리 독사 같으니

5 곧 술사가 아무리 공교한 방술을 행할지라도
   그 소리를 듣지 아니하는 독사로다.

동양에는 뱀을 목소리로 길들여 마음대로 조종할 수 있는 사람들이 있습니다. 그러나 귀머거리 뱀은 사람의 목소리를 듣지 못하기 때문에 술사의 명령에 복종하는 적이 없습니다. 악인은 능숙한 술사의 목소리를 들으려 하지 않는 독사에 비유됩니다. 그는 결코 하나님의 목소리에 귀를 기울이지 않습니다. 하나님은 은총의 말씀으로 우리의 마음을 길들이고 조종하는 능숙한 술사이십니다. 그분은 달콤한 사랑의 말씀으로 우리를 이끌어 주시고 설득하시며 우리의 마음을 사로잡으시므로, 우리는 마치 주문과도 같은 그분의 말씀을 들으며 그분께 순종하게 되는 것입니다. 그러나 불행한 일은, 어떤 이들은 그 말씀을 열심히 들으려고 하는 반면에 어떤 이들은 아예 귀를 막고 들으려고 하지 않는다는 것입니다. 우리는 우리의 귀가 전혀 들을 수 없는 때가 있음을 알고 있습니다. 하나님의 뜻을 거역하면서 죄 위에 죄를 쌓아 나가는 고의적인 불순종은 마침내 우리를 완전한 귀머거리로 만들어 버립니다. 이 때 사단이 우리를 지배하게 됩니다. 사단은 사람들의 마음을 강퍅하게 만듦으로서 하나님의 나라 및 그분의 말씀과의 싸움에서 그들을 자신의 졸개로 삼습니다. 그들은 더이상 들을 수 없으므로 더 이상 순종하지 않습니다. 그리고 하나님의 은총에 대하여 귀머거리이기 때문에 그분의 법에 대하여 벙어리일 수밖에 없습니다. 그런 사람들은 다윗과 그리스도와 교회가 알고 있었듯이, 하나님과 그분의 백성들의 적입니다.

이러한 깨달음은 우리로 하여금 기도하게 합니다. 만약에 이것이 적의 본성이라면, 어떠한 인간적인 방책도 우리에게 평화를 가져다 줄 수 없기 때문입니다. 그러한 적 앞에서는 어떠한 인간적인 능력도 도움이 되지 못합니다. 우리는 오직 하나님의 이름만을 불러야 합니다. 지금 우리의 시편 기자는 떨리는 마음으로 하나님께 적에 대한 복수를 탄원하기 시작합니다.

6　**하나님이여, 저희 입에서 이를 꺾으소서.**
　여호와여, 젊은 사자의 어금니를 꺾어 버시며

여기서 우리는 다른 무엇보다도 하나님의 적과 그분의 교회 앞에서는 우리가 단지 기도할 수 있을 뿐임을 알게 됩니다.

우리의 용기와 투지는 이 적 앞에서 무너져 내릴 수밖에 없습니다. 우리는 지금 사단의 공격에 관하여 말하고 있습니다. 사단을 이길 힘을 가지신 분은 오로지 한 분 뿐이시며, 오직 그분만이 모든 문제를 해결하실 수 있습니다. 그러한 곤경 속에서는 하나님께 진실된 기도를 드려야 한다는 것을 깨닫는 것이 매우 중요한 일입니다. 그리고 하나님께 복수를 구하는 사람은 자기 자신의 복수를 포기하는 법입니다. 자기 스스로 복수하고자 하는 사람은 자기가 대하고 있는 분이 어떤 분이신지를 아직도 알지 못하고 있습니다. 그는 여전히 자신의 손으로 문제를 해결하고자 합니다. 그러나 하나님께 복수를 위탁한 사람은 마음 속에서 모든 증오와 복수심을 몰아 내고 오직 고난과 인내만을 준비합니다. 그런 사람은 영적으로 평화롭고 온화하며 오히려 적을 사랑할 수 있게 됩니다. 그 사람에게는 자기 자신의 고통보다는 하나님의 뜻이 더 중요합니다. 그 사람은 하나님이 반드시 승리하시리라는 것을 압니다. 주님께서는 이렇게 말씀하십니다. "보수(報讐)는 내것이라. 그들의 실족할 그 때에 갚으리로다"(신명기 32:35).

주님께서는 반드시 갚으실 것입니다. 그러나 우리는 복수와 보복에서 자유롭습니다. 오로지 복수심에서 완전히 해방된 사람만이 순수한 마음으로 기도할 수 있습니다. "하나님이여, 저희 입에서 이를 꺾으소서. 여호와여, 젊은 사자의 어금니를 꺾어 내소서!" 이 말씀은 다음과 같이 풀이될 수 있습니다. 하나님, 누가 상처를 입고 고통을 받을 것인지는 오로지 주님만이 결정하실 수 있습니다. 저들은 지금까지 주님의 명예를 짓밟아 왔습니다. 하나님, 지금 당신의 적들을 멸하소서. 당신의 권능을 사용하소서. 당신의 의로운 진노의 불꽃을 내리소서. 하나님은 결코 조롱받지 않으십니다. 그분은 적들의 머리 위에 무서운 심판을 내리실 것입니다. 우리가 이 시편의 내용에 두려움을 느끼든 그렇지 않든, 이 복수의 시편이 겨냥하고 있는 자들에게는 하나님의 권능이 엄청난 공포의 대상이 될 것입니다. 우리가 인간의 주먹을 두려워할진대, 당신의 나라와 명예와 이름을 위해 사악한 자들을 진멸하실 하나님의 주먹은 얼마나 두려워해야 하겠습니까? 세상의 주님은 지금도 당신의 나라를 세우고 계십니다. 그분의 적들에 대한 복수는 온전히 그분의 몫입니다.

7 저희로 급히 흐르는 물같이 사라지게 하시며
   겨누는 살이 꺾임 같게 하시며

8 소멸하여 가는 달팽이 같게 하시며
   만기되지 못하여 출생한 자가
   일광을 보지 못함 같게 하소서.

9 가시나무 불이 가마를 더웁게 하기 전에 저가 생 것과 불붙는 것을 회리바람으로 제하여 버리시리로다.

다윗은 지금 큰 소리로 기뻐합니다. 그는 자신의 기도가 응답받고 있음을 확신하고 있습니다. 그는 전쟁과 고통의 한복판에서 비참한 모습으로 퇴각하는 적들을 상상합니다. 하나님은 그들을 "급히 흐르는 물같이 사라지게 하십니다." 그들은 급속한 종말을 맞이하게 될 것입니다. 마치 급한 물살이 흘러가듯이, 그들은 곧 사라지게 될 것입니다. "겨누는 살이 꺾임 같게 하시며....." 꺾어진 화살은 비록 날아가기는 하더라도, 아무런 힘도 없고 우리에게 어떤 해도 끼칠 수 없습니다.

다윗은 적들을 "소멸하여 가는 달팽이" 같다고 하며 경멸합니다. 하나님은 이 세상의 권세자들을 마치 달팽이처럼 짓밟아 버리실 것입니다. "만기 되지 못하여 출생한 자가 일광을 보지 못함 같게 하소서." 적들은 곧 이 말씀처럼 되어 암흑 속에서 잊혀질 것이며, 아무도 그들의 안부를 묻지 않을 것입니다. "가시나무 불이 가마를 더웁게 하기 전에 저들을 제하여 버리소서." 하나님의 노여움은 적들의 계획이 열매를 맺도록 내버려 두지 않으십니다. 그 때가 오기 전에, 악인들은 하나님의 권능에 의해 휩쓸려 갈 것입니다. 그들은 어떠한 결실도 맺지 못할 것이며, 그들에게는 오로지 하나님의 징벌이 있을 뿐입니다. 그 때는 우리가 기대하는 것보다 빨리, 훨씬 더 빨리 올 것입니다.

10 의인은 악인의 보복 당함을 보고 기뻐함이여, 그 발을 악인의 피에 씻으리로다.

우리는 이 시편을 읽으면서 다시 한 번 몸서리치게 됩니다. 그리스도인으로서 우리가 어떻게 이런 기도를 할 수 있을까요? 사랑하는 여러분, 하지만 만약에 우리가 이 시편에서 고개를 돌린다면 우리는 아무 것도 이해하지 못하고 있는 것이 됩니다. 이 시편은 오로지 하나님과 그분의 의로우심 안에서만 의미가 있습니다. 하나님의 의가 승리하려면 악인은 반드시 죽어야 합니다. 이는 결코 인간적인 연민이나 동정심으로 처리해야 할 일이 아닙니다. 하나님의 복수와 사악한 자들이 흘리는 피를 두려워하는 사람은 아직도 그리스도의 십자가 위에서 어떠한 일이 일어났는지를 모르고 있는 셈입니다. 적들에 대한 하나님의 복수는 이미 이루어졌고, 그들은 피를 흘렸습니다. 하나님에게 등을 돌린 자들에게 죽음의 심판이 선언되고 하나님의 의가 그리스도의 십자가 위에서 실현되었습니다.

예수 그리스도는 하나님께 반역하는 자들의 죄사함을 위해 죽으셨습니다. 그분은 하나님의 진노와 복수에 의해 찢기고 죽임을 당하셨습니다. 그분의 피는 인간이 하나님의 계명을 범한 데 대하여 하나님의 의가 요구한 피였습니다. 하나님의 복수는 이 시편이 묘사하고 있는 것보다 훨씬 더 무시무시하게 이 세상 한복판에서 실현되었습니다. 죄 없으신 그리스도는 우리를 살리시려고 악인의 죽음을 죽으셨습니다. 지금 우리는 하나님을 등진 죄인으로서 그분의 십자가 아래 서 있습니다. 그런데 바로 이 순간 엄청난 비밀이 풀립니다. 전혀 무죄하신 예수 그리스도는 세상의 사악한 자들에 대한 하나님의 복수가 실현된 바로 이 순간 이렇게 기도하십니다. "아버지여, 저들을 사하여 주옵소서. 자기의 하는 것을 알지 못함이니이다"(누가복음 23:34). 사악한 자들의 용서를 구할 수 있는 사람은 오로지 하나님의 복수를 감내할 수 있는 사람 뿐입니다. 그리고 오직 그런 사람만이 하나님의 진노와 복수로부터 우리를 지켜 줄 수 있습니다. 십자가에 달리신 그리스도를 바라보면서, 우리는 죄악에 물든 우리에 대한 하나님의 진노를 통감합니다. 그러면서 동시에 우리는 그리스도께서 이 진노로부터 우리를 구원해 주시는 놀라운 역사를 체험하게 됩니다. 그분의 기도가 우리 귀에 들려 옵니다. "아버지여, 저들을 사하여 주옵소서. 자기의 하는 것을 알지 못함이니이다."

"의인은 악인의 보복 당함을 보고 기뻐함이여, 그 발을 악인의 피에 씻으리로다." 이는 하나님 앞에서 참으로 기뻐할 일이 아니겠습니까? 우리가 기뻐하는 것은 십자가에서 하나님의 의가 승리하였기 때문이 아니겠습니까? 의인들은 마땅히 그리스도의 승리를 기뻐해야 하지 않겠습니까? 하나님의 복수는 끝이 나고, 우리는 악인들의 피에 발을 씻음으로써 하나님의 승리에 참여할 수 있게 됩니다. 이제는 악인들의 피가 오히려 우리의 구원이 되었고, 모든 죄로부터 우리를 깨끗하게 해 주었습니다. 이는 실로 경이로운 일이 아닐 수 없습니다.

피범벅이 된 구세주의 초상이 이 복수의 시편 한복판에 나타납니다. 그분은 하나님을 거역하는 자들을 위해 죽으셨고, 우리를 구원하시기 위해 하나님의 복수의 현장에서 찔림을 당하셨습니다. 그리스도께서는 모든 사람(어느 누구도 여기서 제외될 수는 없습니다)을 위하여 하나님의 복수를 온전히 감당하셨습니다. 그러므로 그분께 나아오는 사람은 누구나, 결코 더 이상 하나님의 진노와 복수의 대상이 되지 않을 것입니다. 그 사람은 이제 그리스도의 의의 보호를 받습니다. 하지만 그리스도의 십자가 앞에 나아와 엎드리지 않는―또는 십자가를 경멸하는―사람은 그리스도께서 받으셨던 무시무시한 진노의 심판을 죽음 저너머 영원의 세계에서 받게 될 것입니다.

11 때에 사람의 말이 "진실로 의인에게 갚음이 있고
진실로 땅에서 판단하시는 하나님이 계시다" 하리로다.

의인에게 주어지는 상급은 이 세상의 행복이나 권력이나

영예가 아닙니다. 그것은 그리스도의 십자가와의 친교와 하나님의 진노로부터의 구원 외에 다른 것이 아닙니다. "땅에서 판단하시는 하나님이 계시다." 세상의 악인들에 대한 하나님의 심판을 우리는 어디서 볼 수 있습니까? 우리는 극도의 수치와 불행과 고통을 이 세상이 아니라 그리스도의 십자가에서 보게 됩니다. 이로써 충분하지 않습니까? 우리는 하나님의 적들이 패배하여 저주받은 모습을 십자가에서 보고 있지 않습니까? 하나님의 심판이 이보다 더 분명하게 드러날 수는 없습니다. 그러므로 이 세상에 대한 하나님의 의가 의심스러운 사람은 십자가를 바라보면 됩니다. 바로 거기에 심판이 있고 용서가 있기 때문입니다.

심판의 날에 마침내 우리가 보게 될 의인들의 구원과 악인들에 대한 저주는 십자가에 달려 돌아가신 분의 사랑 안에서 지금은 우리에게 감춰어져 있습니다. 우리는 이 땅 위에서는 그것을 결코 감당할 수 없습니다. 하지만 우리는 모든 일들이 결국에는 의인들의 기쁨이 되리라 확신합니다. 그리스도의 승리는 결국 구원과 심판으로 나타날 것입니다. 그러나 그 날이 오기까지, 사단은 불의와 폭력으로 그리스도와 그분을 따르는 사람들을 공격하게끔 우리의 적들을 부추길 것입니다. 이같은 폭풍우 속에서, 그리스도는 우리를 대표해서 이 시편으로 기도하십니다. 그분은 악인들을 꾸짖으시고 그들에게 하나님의 의로운 복수가 임하시기를 기원하시며, 모든 악인들을 위하여 십자가 위에서 고난받으심으로써 당신 자신을 내어 주십니다.

우리는 그리스도의 십자가를 통하여 하나님의 진노에서 구원받은 것을 감사드리며, 이제 우리도 이 시편으로 그리스도와 함께 기도드립니다. 하나님이 그리스도의 십자가 아래로 우리의 적들을 모두 불러모으시어 그들에게 놀라운 은총을 내려 주시기를 간절히 기원합니다. 또한 그리스도께서 적들을 완전히 물리치시고 당신의 나라를 세우실 날이 하루 속히 오게 되기를 기원합니다. 아멘.

시편 34편 19절

의인들의 고난에 관한 설교

이 명상 자료는 1944년 6월 8일, 본회퍼가 테겔형무소로부터 에버하르트 베트게 부부에게 짧은 편지와 함께 보낸 것이다. 본회퍼는 1943년 3월 히틀러 암살 계획에 가담하였다가 한 달 후인 4월에 **투옥되었다.** 1944년 6월까지만해도 그는 공판 날짜를 기다리면서, 동료들을 다시 볼 수 있으리라는 얼마간의 희망을 아직도 버리지 않고 있었다. 하지만 1944년 7월 20일, 이 암살 계획에 가담했던 군 장교들의 명단이 밝혀지면서 그같은 희망도 물거품이 되고 말았다.

본회퍼는 체포되기 불과 몇 달 전에 마리아 폰 베데마이어라는 여인과 약혼한 터였고, 그녀와의 이별은 그의 인생에 또다른 차원의 고통을 더하였다.

이 명상 자료의 기초가 되고 있는 성경 두 구절은 헤른후터파의 성경 독송집인 〈로중겐〉(Losungen)에서 인용한 것이다. 1732년 이래로 해마다 출간되어 온 〈로중겐〉은 일 년 동안 하루 하루의 명상을 위하여 구성된 성경 본문 선집으로, 본회퍼는 이 소책자를 사용하여 규칙적인 명상을 해 왔던 것으로 보인다. 그는 때때로 중요한 결정을 내려야 할 때마다 이 소책자에 실린 말씀들을 참고하곤 했다. 1939년 여름, 그가 신학교 강사로 초빙받아 비교적 안전한 미국을 떠나 고국인 독일로 돌아오기로 한 결심은 6월 26일자 〈로중겐〉 본문 말씀에서 얻은 확신에서 온 것으로 보인다. "겨울 전에 너는 어서 오라"(디모데후서 4:21). 그는 이 본문 말씀에 관하여 다음과 같이 기술하였다. "이 말씀은 온종일 나에게서 떠나지 않고 있다. 마치 잠시 휴가를 받아 고향에 머물다가 다시 전투에 임해야 하는 병사처럼..... '겨울 전에 너는 어서 오라.' 나는 이 말씀을 나 자신의 삶에 적용하더라도 하등의 오류가 없으리라는 확신이 섰다."

독일로 돌아가는 배 위에서 본회퍼는 다음과 같은 글을 썼다. "이 배를 타고나서부터는 나의 앞날에 대한 염려가 사라졌고, 미국에서의 체류가 짧아진데 대하여도 아무런 후회가 없다. 〈로중겐〉: '고난 당한 것이 내게 유익이라. 이로 인하여 내가 주의 율례를 배우게 되었나이다'(시편 119:71). 이는 내가 시편 중에서도 가장 좋아하는 구절들 가운데 하나이다."

＊

시편 34편

19 의인은 고난이 많으나
    여호와께서 그 모든 고난에서 건지시는도다.

베드로전서 3장

9 악을 악으로, 욕을 욕으로 갚지 말고 도리어 복을 빌라.
   이를 위하여 너희가 부르심을 입었으니
   이는 복을 유업으로 받게 하려 하심이라.

의로운 사람은 불의한 자들과는 전혀 다른 차원에서 고난을 받는다. 그는 다른 사람들에게는 매우 자연스럽고 당연한 일처럼 보이는 것들 때문에 고난을 받는다. 그는 불의 때문에 그리고 세상에서 일어나는 일들의 부조리와 몰지각함 때문에 고난을 받는다. 세상은 "다 그런 거지 뭐. 앞으로도 그럴 거고 그래야만 해" 라고 말한다. 하지만 의로운 사람은 이렇게 말한다. "뭐가 다 그런 거야? 그건 분명히 하나님의 뜻에 어긋나는 거잖아?" 의로운 사람은 항상 이런 식으로 괴로워한다. 그는 언제나 이 세상 속으로 소위 '하나님 의식(意識)'을 가져 온다. 그래서 하나님이 이 세상에서 고난받으시듯이 고난에 가득찬 삶을 살아 간다.

그러나 "여호와께서 그 모든 고난에서 건지시는도다." 하나님의 구원은 인간이 겪는 모든 종류의 고난이 아니라, 반드시 의인이 겪는 고난에서라야 발견할 수 있다. 의인은 언제나 하나님과 함께 고난받기 때문이다. 하나님은 항상 의인과 함께 계시며, 의인은 자신이 겪는 고난이 하나님을 사랑할 줄 알게 되기까지의 훈련 과정임을 잘 알고 있다. 그는 고난 속에서 하나님을 만나게 되고 바로 이것이 그의 구원이다. 고난 속에서 하나님을 만나는 것-바로 이것이 우리의 구원이다.

의인은 세상으로부터 받는 고난에 대하여 오로지 축복으로 응답한다. 그리고 그 축복은 그리스도를 십자가에 못박아 죽인 세상에 대한 하나님의 응답이기도 하다. 하나님은 의인과 더불어 비난이나 책망이 아니라 축복으로 응답해 주신다. 만약에 그렇지 않다면 세상에는 희망이 전혀 없을 것이다. 이 세상은 하나님과 의인의 축복에 의해 살아 가고 있으며, 또 앞으로도 영원히 그러할 것이다. 축복이란 누구(또는 무엇)에겐가 손을 얹으며 "너는 하나님의 것이니라" 하고 말하는 것을 의미한다. 우리는 우리에게 고난을 주는 세상에 대하여 바로 이런 식으로 응답하여야 한다. 우리는 결코 세상을 저주하거나 증오해서는 안 된다. 우리는 세상을 하나님께로 인도하면서 희망을 주고, 그들에게 손을 얹고 이렇게 말해야 한다. "하나님의 축복이 여러분에게 임하시고, 하나님은 **여러분을 새롭게** 하실 것입니다. 여러분의 창조주이자 구원자이신 하나님의 축복이 영원히 함께하실 것입니다." 우리의 행복뿐만 아니라 고난 속에서도 하나님의 축복이 임하신다. 그리고 이와 같은 축복을 받은 사람은 그것을 다른 사람에게 나누어 주지 **않을 수** 가 없다. 그렇다, 우리는 우리 자신이 축복 그 자체가 **되어야** 만 한다. 비록 불가능한 것처럼 보일지 몰라도, 세상을 새롭게 하는 일은 하나님의 축복 안에서는 얼마든지 가능하게 된다.

예수께서는 승천하시면서 제자들에게 "팔을 들어 축복하셨다." 우리는 지금 이 시간에 그분의 다정한 음성을 듣는다. "하나님은 여러분을 축복하시고 여러분을 지켜 주십니다. 그분은 당신의 얼굴을 들어 여러분에게 비춰 주시고 **평화와** 은총을 베풀어 주십니다." 아멘.

III

시편 119편에 대한 명상

시편 119편에 대한 명상

이 명상 자료는 본회퍼 선집에 그 기록 시기가 1939/40년으로 되어 있다. 이 기간 중 본회퍼는 그로스 슐론비츠의 목사관에 이어서 포메라니아의 지구르트쇼프에 있는 어느 농장에서 다시금 목사 후보생들을 가르치고 있었다. 이 외딴 곳들에서의 삶은 그에게 핀켄발데에서와 같은 공동체 생활을 회복시켜 주었다. 그의 제자들 가운데 한 사람으로서 본서 '전시에 쓴 편지'에 나치에 의해 살해된 것으로 기록되어 있는 게르하르트 레네는 이 공동체를 "어떤 특정 인물과는 관계 없이 음악, 문학, 스포츠, 미술 등 이 타락한 세상을 여전히 사랑할 수 있게 만드는 모든 것들에 대한 애착과 열린 마음을 지닌, 하나님의 말씀을 중심으로 결속된 형제단"이라고 묘사하였다.

이 명상 자료에는 삶에 대한 기쁨이 반영되어 있다. 하지만 우리는 여기서 정치적 저항 운동에 가담할 것인지의 문제를 놓고 고민하는 본회퍼의 모습을 보게 된다. 19절의 명상에서 그는 "세상의 의무를 등지고 참여를 거부해서는" 결코 안 될 것임을 알고 있다고 했다. 또한 1절에 대한 주석에는 그 자신이 투쟁 과정에서 목숨을 잃게 될 가능성이 암시되어 있다.

이 무렵 그가 머물렀던 뉴욕시는 비교적 안전한 피난처였지만, 그곳을 마다하고 본회퍼는 지구르트쇼프로 되돌아 왔다. 여행과 바쁜 일과들 때문이었던지, 그가 가장 좋아했던 시편을 소재로 한 이 명상 자료는 아깝게도 21절에서 중단된다. 나는 이 선집을 마무리짓는 의미에서 22-24절을 말미에 첨부하였다. 이 명상 자료는 그의 짧은 생애 최후에 씌어진 매우 귀중한 자료이다.

본회퍼는 이 명상 자료 서두에서부터 그가 '하나님의 시작' 이라고 부르는 것과 '우리 자신의 시작' 이라고 부르는 것을 명백히 구별하고 있다. 이는 그가 사람들을 '그들 자신의 시작' 에 머물게 하는 소위 '개종' 중심의 그리스도교 운동에 대하여 왜 그토록 비판적이었는지를 이해하는 데 도움이 된다. '옥스포드 그룹' (후일의 '도덕 재무장 운동')이 그러한 비판적인 입장에 동조하고 나섰던 것은 이미 주지의 사실이 되었다. 베트게는 "본회퍼는 복음에 대한 증언이 개인적인 변화에 대한 증언으로 대체된 것에 몹시 분개하고 있다" 고 기술하였다. 본회퍼는 인간의 자아를 중심으로 한 어떠한 형태의 경건에 대하여도 비판적이었다. 그는 베트게에게 이런 편지를 보낸 적이 있다. "제발, 우리의 눈을 우리 자신으로부터 다른 곳으로 돌리자!"[26]

✳

시편 119편

1   행위 완전하여 여호와의 법에 행하는 자가
　　　복이 있음이여!

이렇게 말하는 사람은 모든 일의 '시작'이 하나님에 의해 이루어진다고 믿는다. 그러므로 하나님과 함께하는 삶에서는 근본적으로 새로운 '시작'이 문제되지 않는다고 본다. 그는 인생을 "주님의 법을 따라 사는 것"으로 이해하면서, 하나님이 이루어 놓으신 '시작'의 타당성을 굳게 믿으며 더 이상 뒤를 되돌아보려 하지 않는다. 그리고 하나님은 우리와 함께 '시작'하셨기에, 그분과 함께하는 삶은 오로지 그분의 법을 따라 사는 것이라고 믿는다. 이는 그분의 법 아래 우리가 속박되어 있음을 의미하는가? 아니다. 그것은 끊임없이 '시작'을 요구하는, 우리를 죽이는 율법으로부터의 해방을 의미한다. 날마다 새로운 '시작'을 도모하는 것, 그리고 간신히 찾았다고 믿었던 '시작'을 잃기를 반복하는 것- 이는 예수 그리스도 안에서 용서와 거듭남의 말씀으로 위대한 '시작'을 이루어 놓으신 하나님께 대한 믿음을 완전히 파괴하고 말 것이다.

하나님은 단번에 우리를 당신 앞으로 불러 주셨다. 이 '시작' 은 우리가 아니라 하나님이 이루어 놓으신 것이다. 그것은 그분께 대한 믿음에서 오는 행복한 확신이다. 그러므로 우리는 '하나님의 시작'에 우리 자신의 무수한 새로운 '시작'을 덧붙이는 일이 있어서는 안 될 것이다. 우리가 자유롭게 된 것은, '하나님의 시작'이 우리의 시작을 영원히 뒷받침해 주기 때문이다. 믿음의 공동체에서는 서로에게 새로운 '시작'을 권할 필요가 없다. 그 대신에 그들 안에서 끊임없이 이루어지는 '하나님의 시작'에 관하여 이야기해야 한다. 그들은 모두 함께 같은 길을 가고 있음을 잘 알고 있다. 그 길은 당신의 자녀들을 불러 모으신 하나님에게서 시작되어 다시금 그들을 찾으시는 하나님에게서 끝나는 길이다.

이 시작과 끝 사이에 펼쳐져 있는 그 길은 우리가 주님의 법 안에서 행하여야 할 길이다. 그것은 또한 여러 모양과 형태로 무진장한 지식과 경험이 차고 넘치는 하나님의 말씀 아래에서 이루어지는 삶이기도 하다. 하지만 여기에는 한 가지 위험이 도사리고 있으니, 그것은 그 길을 가는 우리가 우리 자신의 새로운 '시작'을 도모하려는 것이다. 그러면 그 길은 더 이상 은 총과 믿음의 길-하나님의 길-이 되지 않는다.

우리는 이 시편 기자와 함께 바로 그 길을 가고 있다. 여기서 우리는 우리에게서 올바른 '시작'이 이루어졌는지를 물을 필요는 없다. 우리는 단지 그 길 위에 놓여진 존재로 우리 자신을 이해하여야 하며, 끝까지 그 길을 가는 것 외에는 더 이상 다른 것들을 염두에 두지 말아야 한다. 그러므로 우리에게는 '시작'에 관한 논쟁이 아니라 그 '시작'이 우리에게 결정적으로 주어졌다는 믿음이 필요한 것이다. 그럼에도 불구하고 여전히 자기 자신의 새로운 '시작'을 추구하는 사람은 율법 아래 있으며, 그 율법에 의해 탈진되어 마침내 죽임을 당할 것이다. 하지만 하나님에 의해 주어진 '시작'을 출발점으로 하여 꾸준히 전진하는 사람은 주님의 법 아래에서 그 법의 보호를 받으며 생명을 얻게 될 것이다. 그러므로 이 시편이 하나님의 역사를 거역하지 않고 그분께 순종하는 사람-"여호와의 법에 행하는 자"-에 대한 축복으로 시작되는 것은 지극히 당연한 일이라고 생각된다. 그러나 이 시편 기자의 찬양은 우리들 인간이 아니라 우리를 그와 같은 축복된 상태로 인도해 주는 '여호와의 법' 그 자체에 초점에 맞추어져 있다. 그러면 과연 이 '법'은 어떠한 것인가?

후일에 네 아들이 네게 묻기를 "우리 여호와 하나님의 명하신 증거와 말씀과 규례와 법도가 무슨 뜻이뇨" 하거든 너는 네 아들에게 이르기를 "우리가 옛적에 애굽에서 바로의 종이 되었더니......곧 여호와께서 우리 목전에서 크고 두려운 이적과 기사를 애굽과 바로와 그 온 집에 베푸시고 우리 열조에게 맹세하신 땅으로 우리에게 주어 들어가게 하시려고 우리를 거기서 인도하여 내시고 여호와께서 우리에게 이 모든 규례를 지키라 명하셨으니 이는 우리로 우리 하나님 여호와를 경외하여 항상 복을 누리게 하기 위하심이며 또 여호와께서 우리로 오늘날과 같이 생활하게 하려 하심이라. 우리가 그 명하신 대로 이 모든 명령을 우리 하나님 여호와 앞에서 삼가 지키면 그것이 곧 우리의 의로움이니라" 할찌니라(신명기 6:20-25).

이는 그 '법'에 관한 질문에 대한 답변으로, 하나님의 구원의 역사, 그리고 그분의 계명과 약속을 그 내용으로 한다. 이미 이루어진 구원의 역사와 장차 이루어질 하나님의 약속을 알지 못하는 사람은 결코 그분의 '법'을 이해할 수 없다. 그분의 '법'을 알고자 하는 사람은 예수 그리스도와 그분 안에서 구현된, 죄와 죽음으로부터의 구원을 기억하여야 한다. 그리고 예수 그리스도 안에서 모든 사람을 위하여 하나님이 이루어 놓으신 새로운 '시작'을 기억하여야 한다. 하나님의 '법'은 도덕적 가르침이나 윤리적 규범이 아니라 완전히 이루어진 그분의 역사와 직접적으로 관련된다. 만약에 우리가 어떻게 하여야 하나님과 함께하는 삶을 시작할 수 있는지를 묻는다면, 성경은 이미 오래 전부터 하나님이 우리와 함께하고 계시다고 대답할 것이다. 그리고 만약에 우리가 하나님을 위하여 무엇을 할 수 있는지를 묻는다면, 성경은 그분께서 우리를 위하여 이루어 놓으신 엄청난 역사들에 관하여 말해 줄 것이다. 또한 우리가 하나님 앞에서 이렇게 하면 범죄치 아니하고 살 수 있는지를 묻는다면, 성경은 예수 그리스도 안에서 우리의 모든 죄가 이미 사하여졌음을 선포할 것이다. 만약에 우리가 장차 어떠한 행동을 하여야 할지를 묻는다면, 하나님의 말씀은 우리로 하여금 과거를 되돌이켜 보게 하면서 "기억하라!"고 명하실 것이다. 우리는 오로지 하나님에 의해서 결정이 이미 내려졌고 '시작'이 이루어졌으며 그분의 역사가 완성되었음을 깨닫게 되어야만, 하나님의 '법'을 생명의 법으로 받아들일 수 있게 될 것이다.

하나님의 법은 결코 그분의 구원의 역사와 분리될 수 없다. 십계명을 내리신 하나님은 당신의 백성들을 애굽 땅에서 이끌어 내신 바로 그 하나님이시다(출애굽기 20:2). 하나님은 당신이 사랑하시는 사람들, 당신께서 스스로 선택하신 사람들에게 당신의 법을 주셨다(신명기 7:7-11). 그러므로 그분의 법을 아는 것이 곧 은총이요 기쁨이다(신명기 4:6-10). 그것은 하나님의 은총을 받아들이는 사람들을 위한 삶의 길이다(레위기 18:5). "여호와께서 백성을 사랑하시나니 모든 성도가 그 수중에 있으며 주의 발 아래 앉아서 주의 말씀을 받는도다"(신명기 33:3).

토라, 즉 율법은 원래 제비뽑기에 의해 결정된 것을 의미했다. 인간의 노력이 한계에 달하고 오로지 하나님만이 결정을 내리시는 자리에 그분의 심판이 임한다. 토라는 인간의 모든 생각과 기대의 범위를 벗어나는, 하나님의 인류에 대한 제비뽑기이다. "내게 줄로 재어준 구역은 아름다운 곳에 있음이여, 나의 기업이 실로 아름답도다"(시편 16:6). 하나님의 심판은 인류를 위한 은총과 생명이요 우리의 죄를 용서해 주시는 하나님 앞에서 그분과 함께하는 삶이다.

그러므로 "주님의 법을 따라 사는 사람들이 복되다." 그들은 하나님의 역사를 자신들을 위한 것으로 받아들이며, 하나님이 이루어 놓으신 '시작'을 발판으로 하여 꾸준히 전진하는 사람들이다. 그들은 전쟁터의 승리자, 살아서 죽음의 계곡을 통과하는 전사들과도 같다. 그들은 어두운 밤의 방황 끝에 새벽 하늘 아래 펼쳐진 새로운 길로 전진해 나간다. 이제 그들은 새로운 미래를 향하여 승리에 승리를 거듭하면서 대낮의 밝은 태양 아래 앞으로 나아가고 있다.

'자기 자신의 시작'이라는 고통에서 해방된 사람들은 복이 있다. '자기 자신의 시작'이 '하나님의 시작'을 거스를 때 뒤따르는 마음의 갈등을 극복한 사람들은 복이 있다. 그들은 온전하고 흠이 없으며 마음에 분열이 없다. 루터는 1521년 이 시편의 첫 번째 번역에서 그들을 '완벽한 건강체'라고 불렀다. 그는 바울이 목회서신에서 사용한 '흠없는'이라는 단어를 "말과 행실에 결함이 없고 사람들의 허황된 가르침에 현혹됨이 없는"이라는 뜻으로 이해하였다. 자기 자신의 결정이라는 부담에서 해방되어 주님의 법 안에서 사는 사람들은 복이 있다.

"복이 있음이여." 이는 주님의 법 안에서 살아가는 사람들이 누리는 행복하고 축복된 삶의 상태를 의미한다. 당신의 법 안에서 행하는 사람들은 모든 일이 잘 되어야 한다는 것이 하나님의 뜻이다. 만약에 우리가 이 말씀에 대하여 당혹감을 느끼거나, 아니면 하나님에게는 우리의 행복보다 더 중요한 어떤 일이 있다고 생각한다면, 이 말씀은 더 이상 성숙되고 굳센 믿음의 표현이 될 수 없을 것이다. "오늘날 내가 네 하나님 여호와의 백성이 되었으니....." (신명기 27:9). 그리스도인들 중에는 하나님보다도 더 거룩한 존재가 되려고 하는 사람들이 있다. 그들은 고난과 전투와 십자가에 관하여 말하지만, 신실한 믿음을 지닌 사람들의 행운과 의인들의 성공담은 오히려 그들에게 성가신 이야기가 되어 버린다. 그들은 그것이 구약에만 있는 이야기일 뿐, 그 이후로는 모든 상황이 달라졌다고 주장한다. 하지만 그들의 마음은 하나님의 지극하신 자비와 사랑을 이해할 수 없을 정도로 위축되어 있으며, 하나님의 법을 따라 사는 사람들에게 내려지는 은총을 보고도 주님께 영광을 돌릴 줄 모를 정도로 협소하게 변해 있다. 그래서 그리스도인으로서의 소명에서 오는 기쁨을 잃어 버리고, 자신들을 향한 하나님의 자비에 감사할 줄 모른다.

만약에 성경이 하나님의 법 안에서 사는 사람들에게 행복과 행운과 축복을 약속하고 있다면, 우리는 완전히 문자적으로 이 말씀을 받아들여야 하고 이 세상에서 우리의 삶에 적용하여야 한다. 주님의 신실한 백성들이 이 땅 위에서 잘 되고 (시편 37:36) 복된 삶을 누리며(시편 37:24), 아무런 부족함이 없이(시편 34:10) 즐거운 나날을 보내며(시편 34:12), 주님께서 그 마음의 소원을 들어 주시리라는 것을(시편 37:4) 누가 부인할 수 있겠는가? "예수께서 저희에게 이르시되 '부족한 것이 있더냐?' 가로되 '없었나이다'"(누가복음 22:35). 이런 말을 할 수 있는 사람은 간신히 연명만 할 수 있어도 하나님의 은총에 감사할 줄 아는 사람이다. 오직 만족할 줄 아는 사람만이 행복을 느낄 수 있다. "우리가 먹을 것과 입을 것이 있은즉 족한 줄로 알 것이니라"(디모데전서 6:8).

의인들이 당하는 고난과 억압을 불평하는 시편들 속에서 특별한 능력으로 우리의 행복을 예비하시는 하나님의 자비를 찬양하는 대목을 발견할 수 있다는 것은 놀라운 일이 아닐 수 없다. 우리의 시편으로 기도하고 있는 사람은 인생의 고통과 유혹을 잘 알고 있다. 하지만 그는 고통스런 삶 속에서도 지금까지 하나님이 내려 주신 은총에 대하여, 그리고 아직도 남아 있는 그분의 선물들에 대하여 감사하는 마음을 잃지 않고 있다. "악한 자들의 많은 재산보다 의인의 가난이 더 낫다"(시편 37:16). 이러한 사실을 잘 아는 사람은, 만약에 하나님이 우리의 장점만을 보시고 우리를 대하신다면 우리에게는 오직 그분의 진노와 징벌만이 있으리라는 것도 잘 알고 있을 것이다.

예수께서는 "너희에게 복이 있으라"고 말씀하신다. 히브리어로는 이 '복'이라는 말이 '행복'과 같은 의미를 지니고 있다. 우리가 복된 것은 부족한 것이 없어서가 아니라 우리에게 있는 모든 것들이 하나님의 손으로부터 온 것이기 때문이다. "여호와 앞에 잠잠하고 참아 기다리라"(시편 37:7). 우리는 하나님이 "믿는 자들과 진리를 아는 자들"을 위해 예비하신 일용할 양식을 감사함으로 먹게 될 것이다(디모데전서 4:3). 우리는 이 세상의 좋은 선물들이, 우리가 세상의 주님으로 그리스도를 고백하고 선포함으로 감사 속에서 살 수 있도록 우리를 위해 예비되어 있음을 알고 있다. 우리는 또한 "누구든지 나를 위하여 또 복음을 위하여 집이나 형제나 자매나 어머니나 아버지나 자녀나 토지를 버린 사람은 현세에서 박해도 받겠지만 집과 형제와 자매와 어머니와 자녀와 토지의 축복도 백 배나 받을 것이며 내세에서는 영원한 생명을 얻을 것이다"라는 예수님의 말씀이 영원한 진리임을 날마다 체험하게 될 것이다. 그러므로 우리는 하나님의 사랑이 우리의 목숨보다 소중함을 알며, 또 그렇게 고백한다(시편 63:3). 우리는 받은 선물들로 인해 마음으로 감사하지만, 그 감사하는 마음 역시 그 선물들을 주신 분의 것이다.

하나님은 당신께 속한 사람에게 그리스도를 위한 죽음과 고난의 잔("하나님의 집에서 시작된 심판", 베드로전서 4:17)을 주시어 십자가 위에서 남김없이 마시게 하실 것이다. 그리고 그런 일을 어떤 사람에 요구하실 때에는, "여호와의 법에 행하는 자가 복이 있음"을 새롭고 권위있게 굳센 믿음으로 증언할 수 있도록 그의 마음을 미리 준비시켜 주실 것이다.

개인의 경우에 적용되는 진리는 공동체-하나님의 집, 하나님의 백성-에도 역시 마찬가지로 적용될 수 있다. 하나님의 법을 따라 행하는 그분의 백성들은 복을 받을 것이다(시편 112편을 읽으라!). 그분은 이 세상을 다스리시며 우리에게 율법을 주신다(시편 19편을 읽으라). 그러므로 이 세상은 하나님의 법을 따라 사는 사람들에게 속하게 될 것이다(마태복음 5:5, 시편 37:10,12). 교만과 자만심에 가득차 악을 행하는 사람들은 스스로 멸망의 길을 가고야 말겠지만, 겸손하고 하나님을 두려워할 줄 알며 진리와 정의 가운데로 행하는 사람들은 영원히 빛을 발하게 될 것이다. 하나님은 위로 하늘과 아래로 땅을 내신 바로 그 하나님이시기 때문이다(여호수아 2:11).

2   여호와의 증거를 지키고
전심으로 여호와를 구하는 자가 복이 있도다.

두 번째 축복이 첫 번째 축복에 이어진다. 여기서 '여호와의 증거' 란 하나님이 당신의 백성들을 곁길로 빠지지 않게 하기 위하여 내리시는 경고의 신호를 뜻한다. 이 '증거' 라는 말은 이스라엘 백성들의 바벨론 폭로기에 빈번하게 사용되기 시작했다. 거기서 그들은 하나님의 계명들을 징벌과 속죄의 때에 그들에게 각성을 촉구하는 하나님의 경고의 표지로 받아들였다. 그래서 이제는 언약궤가 '증거궤' 로(출애굽25:22), 십계명은 '증거판' 으로(출애굽기 31:18), 그리고 성막은 '증거막' 으로(민수기 9:15, 출애굽기 38:21) 불리우게 되었다. 그리하여 그들은 이 모든 것들이 그 자체로서 어떤 궁극적인 의미를 지니는 것이 아니라 하나님의 증거였음을 보여 주었다. 그리고 오로지 십계명과 증거궤와 증거막 안에서 하나님을 발견하고 그분께 영광을 돌리는 사람들만이 그것들의 참된 본질을 이해할 수 있었다. 하나님이 당신의 백성들에게 이와 같은 '증거'들을 주신 까닭은, 혹시 시련의 시기를 맞더라도 그것이 모두 그들이 훗날 잘 되도록 하시려는 것이었음을 알게 하기 위함이었다(신명기 8:16). 하나님의 계명은 날마다 우리로 하여금 주님을 기억하게 할뿐더러 그 자체로서 그분에 관하여 증거한다. 따라서 우리가 그것을 단순히 형식적으로 지키는 것만으로는 충분치 못하다. 거기에는 우리의 입술과 손 그리고 온전한 마음-우리의 존재 전체-이 투입되어야 하며, 그러면서 그 증거들이 말하고 있는 분을 영원히 믿고 따를 수 있어야 한다.

예배와 기도, 그리고 하나님의 계명 속에서 우리의 마음은 이 모든 것들을 우리에게 허락하신 분을 찾게 된다. 결코 만족할 줄 모르는 우리의 마음은 부지런히 그리고 끊임없이 말씀 중의 말씀이며 율법 중의 복음인 하나님과 그분의 계시를 찾는다. 이처럼 하나님의 증거를 지키면서 마음을 다하여 하나님을 찾는 사람은 복이 있다. 그가 이렇게 할 수 있는 것은, 그것이 누구를 어디서 찾아야 할지를 알게 해 주고 찾으면 반드시 찾게 되리라는 확신을 갖게 해 주기 때문이다.

3   실로 저희는 불의를 행치 아니하고 주의 도를 행하는도다.

하나님의 길은 지금까지 그분이 걸어 오신 길이자, 지금부터 우리가 그분과 함께 가야만 할 길이다. 하나님은 당신께서 지금까지 걸어 오신 길이 아니면 그 어떤 길로도 우리가 가는 것을 허락지 않으신다. 그분께서 우리가 가기를 원하시는 길은 그분께서 만드셨고, 지금도 지키고 계신 길이다. 그래서 그 길은 진실로 주님의 길이다.

> 여호와께서 그들 앞에 행하사 낮에는 구름 기둥으로 그들의 길을 인도하시고 밤에는 불기둥으로 그들에게 비취사 주야로 진행하게 하시니 낮에는 구름 기둥, 밤에는 불기둥이 백성 앞에서 떠나지 아니하니라(출애굽기 13:21-22).

> "하나님이여, 주의 도는 거룩하시오니 하나님과 같이 큰 신이 누구오니이까.....주의 길이 바다에 있었고 주의 첩경이 큰 물에 있었으나 주의 종적을 알 수 없었나이다. 주의 백성을 무리양 같이 모세와 아론의 손으로 인도하셨나이다"(시편 77:13,19-20).

하나님과 함께하는 사람은 결코 한 곳에 머물지 않는다. 그는 꾸준히 하나님의 길을 따라 전진한다. 그러지 않을 경우, 그는 하나님과 함께하는 사람이라고 할 수 없다. 하나님은 모든 길을 아시지만, 우리는 단지 한 발 앞과 최종 목적지만을 알 뿐이다. 중단은 없으며, 날마다 매 순간마다 오로지 전진만이 있을 뿐이다. 일단 이 길에 발을 들여놓은 사람은 자신의 삶이 도상의 나그네의 삶이 된다는 것을 깨닫게 된다. 그러나 그가 비록 사망의 음침한 골자기를 지나게 될지라도 주님이 항상 바른 길로 인도하시고 푸른 초장에서 쉬게 해 주시며(시편 23편) 실족지 않게 보호해 주신다(시편 121:3).

성경에서는 구원의 메시지가 한 마디로 '이 도(道)' 또는 '주의 도'로 불리우고 있다(사도행전 18:25-26, 19:9, 22:4, 24:14). 그러므로 복음과 믿음은 결코 무시간적인 개념이 아니라 역사 속에서 인간과 더불어 역사하시는 하나님에 관련된 개념임을 알 수 있다. 그것은 '길'(道)이므로 그 위에서 일어나는 모든 일들이 사람들 앞에 낱낱이 드러나게 된다. 따라서 주님과 함께 그 길을 가고자 하는 사람은 "실로 불의를 행치 아니할" 수밖에 없다. 자기가 올바른 길을 가고 있음을 아는 사람일수록 책임감과 자신에 대한 성찰력이 두터운 법이다.

하나님의 자녀들에게 주어지는 특권은 오로지 하나님의 은총과 그분의 도(道)를 알고 "불의를 행치 아니하는" 것뿐이다. 하지만 우리가 단 한 순간만이라도 하나님의 길을 자신의 유익을 위해서 이용하는 일이 있다면, 그것이 바로 '행악'이요 타락인 것이다. "죄를 짓는 자마다 불법을 행하나니 죄는 불법이라"(요한일서 3:4). 그러면 우리 그리스도인들은 더 이상 범죄치 아니하는가? 결코 그렇지 않다. 우리는 지금도 범죄하고 있으며 그것을 부인할 생각도 없다. 하지만 일단 우리 자신의 죄악을 하나님 앞에서 고백한 다음에는 우리의 죄와 나약한 본성에 더 이상 눈길을 돌릴 필요가 없다. 우리는 오로지 우리의 미래를 결정하시며 다음과 같이 말씀하시는 그리스도와 하나님의 말씀만을 붙들어야 한다. "하나님께로서 난 자마다 죄를 짓지 아니하나니 이는 하나님의 씨가 그의 속에 거함이요 저도 범죄치 못하는 것은 하나님께로서 났음이라"(요한일서 3:9).

하나님의 길은 인간에게로 나 있고, 인간의 길은 그분을 향하고 있다. 그리고 그 길은 바로 예수 그리스도이시다(요한복음 14:6). 이 길을 가는 사람은 누구나 예수 그리스도 안에 있으며, 결코 악을 행치 않는다.

4 주께서 주의 법도로 명하사
우리로 근실히 지키게 하셨나이다.

이 시편에서 기도하고 있는 사람은 하나님을 '주'라고 부르며 그분께로 나아가고 있다. 이 시편의 중심은 계명('법도')이 아니라 우리에게 직접 명령하시는 하나님이시다. 그러므로 우리는 계명 안에서 어떤 관념이 아니라 한 분의 인격체로서 '주'를 만나게 된다. 여기서 사용된 '법도'라는 말은 원래 '찾다', '방문하다', '주목하다'라는 히브리어 동사에서 유래하였다. 그러므로 하나님의 계명은 하나님이 우리를 주목하시며 우리를 찾아 오시는 방편이라고도 할 수 있다. 하나님의 계명은 우리를 그분의 길로 인도한다. 그것은 우리의 목적과 목표이며, 그 자체를 위해서가 아니라 우리로 하여금 "근실히 지키

---

*가이저(J. Geyser), 〈경건한 소망〉(Pia desideria,1878).

게 하기" 위하여 주어진다. 그러므로 우리는 있는 힘을 다하여 하나님의 계명을 붙들고 지켜야 한다. 그것은 지금 여기서뿐만 아니라 영원히 존재하면서, 우리의 영혼 깊숙이 그리고 우리 삶의 모든 상황에 빛을 비춰 준다.

5 [아!] 내 길을 굳이 정하사
주의 율례를 지키게 하소서.

[우리말 성경에는 기록되어 있지 않지만 이 "아!"라는 탄식에는 깊은 회한과 더불어 이름모를 슬픔이 깔려 있다. 때로는 인생사 전체가 이런 식으로밖에 표현될 수 없을 때가 있다. 가난하고 괴로운 사람이 자신의 고통을 스스로 억누르려고 할 때, 이러한 탄식이 영혼 깊은 곳으로부터 터져 나온다. 바로 이때 그 사람의 눈이 우리에게 도움을 주시는 하나님을 바라본다면 그 탄식은 강력한 기도의 힘을 갖게 된다.* 우리의 욕망에서 나오는 "아!"라는 탄식과 기도 속에서의 "아!"라는 탄식은 결코 같은 것이 아니다. 앞의 것은 우리 자신의 생각에서 나오는 것으로 절망적이고 감정적이지만, 뒤의 것은 하나님께 대한 신뢰를 바탕으로 겸비한 자세에서 나오는 것으로 성령을 통해서 하나님이 가르쳐 주시는 탄식이다. 이러한 탄식 속에서, 지금까지 불분명했던 우리의 가장 절실한 욕구들이 하나님 앞에 적나라하게 드러나게 된다. 그것은 "말할 수 없는 탄식으로 우리를 위하여 친히 간구하시는" 성령의 탄식이며(로마서 8:26)

하나님 앞에서 결코 감출 수 없는 탄식이다(시편 38:9).

우리의 바램은 항상 세상의 발전을 향하여 움직인다. 인간이 변화하여 세상에서 악이 사라지고 새로운 의가 구현되기를 우리는 얼마나 열망하는가? 그러나 세상이 우리가 원하는 대로 움직여 주는 것은 아니다. 우리의 기도는 우리 자신에게서 시작되어야 하고, 모든 회개와 거듭남이 나에게서 시작되어야 한다. "내 길을 굳이 정하사 주의 율례를 지키게 하소서." 이 기도에는 하나님 앞에서의 약속의 뜻이 담겨져 있다. "게으른 자의 정욕이 그를 죽이나니 이는 그 손으로 일하기를 싫어함이니라"(잠언 21:25). 이 말씀은 우리를 곧장 행동으로 이끌어 갈 수 있겠지만, 거기에도 반드시 기도가 뒷받침되어야 한다. "내 길을 굳이 정하사……" 다른 사람의 악행을 바라보는 것은 우리에게 전혀 도움이 되지 못한다. 그리고 다른 사람의 옳은 행실을 보고 감탄하는 것도 우리가 그 사람처럼 행동할 수 없는 한 우리의 기도만큼 우리에게 유익이 될 수는 없다.

우리는 인생의 수많은 목표들 가운데에서 한 가지 목표를, 그리고 인생의 수많은 방향들 가운데에서 하나의 방향을 붙들어야 하는데, 그것이 바로 하나님의 법이다. 우리는 구부러지고 비뚤어진 길, "인간의 가르침에 의해 왜곡되고 막힌 길"에서 벗어나야 한다(루터). 오직 하나님의 법만이 영원히 변치 않는다. 하늘과 땅 그리고 인류의 역사는 이 법에 의해 운행된다. 마치 낮과 밤의 교차가 불변하듯이, 하나님의 약속은 언제나 그분의 백성과 함께한다. "나 여호와가 이같이 말하노라. 나의 주야의 약정이 서지 않을 수 있다든지 천지의 규례가 정한 대로 되지 아니할 수 있다 할진대 내가 야곱과 내 종 다윗의 자손을 버려서 다시는 다윗의 자손 중에서 아브라함과 이삭과 야곱의 자손을 다스릴 자를 택하지 아니하리라. 내가 그 포로된 자로 돌아오게 하고 그를 긍휼히 여기리라"(예레미야 33:25-26, 31:35-36). 모든 피조물은 창조주이신 하나님이 내려 주신 법을 떠나서는 더 이상 존재할 수 없다(시편 19편). 신실하신 하나님의 법은 만물을 영원히 다스릴 것이다. 주님, 우리의 길을 굳게 정하시어 당신의 신실하심 속에서 행하게 하옵소서. 아멘.

6   내가 주의 계명에 주의할 때에는 부끄럽지 아니하리이다.

수치는 곧 불행을 뜻한다. 만약에 우리가 믿고 의지하는 것이 붕괴된다면 우리의 삶은 무너질 수밖에 없다. 우리의 삶에서 의미와 정당성이 사라지고, 우리는 조롱과 수치 속에서 몸 둘 바를 모르게 될 것이다. 힘세고 건강한 사람도 언젠가는 병약하게 될 것이고, 엄청난 재산을 지닌 사람도 하룻밤 사이에 알거지가 되는 수가 있다. 권세와 명예도 오래 가지 못하는 법이고, 자신의 올바른 행동을 뽐내 보아도 항상 옳게만 살 수 있는 것은 아니다. 그러므로 하나님에게서 마음이 멀어져 사람을 믿는 자들, 사람이 힘이 되어 주려니 믿는 자들은 천벌을 받게 될 것이다(예레미야 17:5). 세상은 바로 그런 사람들을 손가락질하며 조롱한다. 누구든지 세상의 명예를 구하는 사람은 세상으로부터 부끄러움을 당하게 될 것이다.

하지만 오로지 하나님의 계명만을 생각하는 사람은 결코 부끄러움을 당하지 않을 것이다. 하나님의 계명은 우리를 실족케 하는 법이 없기 때문이다. 하나님 자신이 당신의 계명을 굳게 붙들고 계시면서 그것을 지키는 사람들을 보호해 주신다. 우리의 삶에는 반드시 후원자가 필요한 법이다. 세상이 우리를 어떻게 심판하든, 하나님의 계명을 지키는 한 우리는 그분의 보호와 변호를 받을 수 있다. 우리는 다른 사람들의 이목이나 우리 자신의 생각이나 경험이 아니라 하나님의 계명에 비추어 모든 결정을 내려야 한다. 우리 스스로 제아무리 현명하고 신중한 판단을 내리더라도 그것이 우리를 파멸로 몰고 갈 수 있지만, 하나님의 계명에 비추어 판단을 내릴 때에는 결코 그렇게 될 수가 없기 때문이다. 우리를 부끄러움과 파멸에서 건져 주실 분은 오직 하나님 한 분 뿐이시다.

"주의 모든 계명"—우리의 삶은 너무나 다방면으로 위험과 유혹이 도사리고 있으며 그 속에서 계속해서 새로운 사건들이 일어나기 때문에 우리에게 헛되이 주어지는 하나님의 계명은 단 하나도 없다. 오로지 하나님의 계명이라는 보배만이 우리의 삶을 안전하게 인도해 준다. 하나님의 말씀은 우리가 어떠한 삶의 상황에 처하든지 우리를 바른 길로 이끌어 준다. 그러나 하나님의 계명 안에서 그분의 한없는 사랑과 자비를 체험하기 위해서는 끊임없는 주의력과 탐구심이 필요하다. 세상이 억세게 우리를 눌러 올수록, 그리고 우리가 가는 길이 좁고 어려워질수록 우리는 하나님의 계명을 더욱 단단히 붙들어야 한다. 그래야만 주님의 법을 따라 사는 복된 사람들의 반열에 속할 수 있게 될 것이기 때문이다.

7   내가 주의 의로운 판단을 배울 때에는 정직한 마음으로 주께 감사하리이다.

감사는 거룩한 말씀이 우리에게 얼마나 큰 선물인지를 깨닫고 그 말씀 속에 깊이 몰입할 때에만 시작될 수 있다. 하나님의 말씀을 멀리하는 사람에게서 어떻게 감사하는 마음이 우러날 수 있겠는가? 그리고 말씀을 선물로 받고 나서도 그것을 주신 분께 순종하지 않는다면 어떻게 되겠는가? 순종하는 마음이 없이 하는 감사는 위선적이고 거짓된 감사에 불과하다. 우리의 마음이 계시된 하나님의 말씀에 의해 변화되어 그분께 순종할 줄 알아야만 이 세상에 둘도 없는 귀중한 선물을 주신 하나님께 진심으로 감사할 수 있게 된다.

그러나 불의한 인간은 "하나님으로 영화롭게도 아니하며 감사치도 아니한다"(로마서 1:21). 세상 사람들은 언제나 자기 자신을 위하여 감사한다. 그들이 감사하는 목적은 단지 그러한 행위를 통해서 자신의 행운을 확인하고 정당화하기 위해서

일 뿐이다(니이체). 감사라는 행위는 그들로 하여금 자신들이 받은 선물이 이제는 정당한 소유물이 되었다는 만족감을 느끼게 해 준다. 하지만 하나님을 믿는 사람들이라고 해서 반드시 올바른 감사를 드리는 것만은 아니다. 누가복음 18장 9절 이하에 등장하는 바리새인은 하나님께 감사의 기도를 드리면서도 오직 자기 자신만을 생각하며 이웃을 업신여겼기에 의롭다 하심을 받지 못하였다. 그는 "정직한 마음으로 주께 감사하며" "주의 의로운 판단을 배울" 마음의 자세가 갖추어져 있지 못했다. 우리가 "정직한 마음으로" 감사의 기도를 드릴 때, 하나님 앞에서의 우리의 가난과 우리들 앞에서의 하나님의 부요하심은 필연적으로 하나가 될 수밖에 없다.

그러므로 하나님의 법은 "주의 의로운 판단"에 감사하는 사람에게 은총으로 주어지게 마련이다. 감사는 우리에게 모든 것을 주시고 우리에게 명령하시는 하나님에게로 우리를 인도하여 그분의 의를 발견하게 해 준다. "감사로 제사를 드리는 자가 나를 영화롭게 하나니, 그 행위를 옳게 하는 자에게 내가 하나님의 구원을 보이리라"(시편 50:23).

8 내가 주의 율례를 지키오리니
나를 아주 버리지 마옵소서.

우리는 먼저, 성령께서 우리를 인도하시기 전까지는 "나는 ~할 것이다"라는 생각을 버릴 줄 알아야 한다. 예를 들어,

"나는 신실하고 경건한 그리스도인이 될 것이다", "나는 계명을 지킬 것이다"와 같은 생각들은 우리에게 엄청난 독(毒)이 될 수 있다. 여기서도 역시 우리 자신의 뜻이 아니라 하나님의 뜻이 중요하다. 우리에게서 하나님이 역사하실 수 있게 하기 위해서는 "나"를 철저히 버릴 줄 알아야 한다. 그렇지 못할 경우, "나는 ~할 것이다"라는 생각이 우리를 파멸로 몰고 갈지도 모른다.

하지만 하나님의 은총으로 예수 그리스도 안에서 하나님과 함께 새로운 길로 나선다면, 우리는 성령의 인도하심 가운데 완전히 다른 차원에서 "나는 ~할 것이다"라고 말하게 될 것이다. "말씀과 성례전을 통해 성령께서 우리 안에서 회개와 거듭남의 역사를 시작하실 때, 우리는 성령의 능력으로 하나님과 함께 일할 수 있고 또한 그래야만 한다"(루터교회 신앙원칙 2-65). 하나님의 축복과 도움을 기원하면서 그분께 찬양과 감사를 드리는 사람은 "내가 주의 율례를 지킬 것입니다"라고 마음 속 깊은 곳으로부터 우러나오는 기도를 드리게 된다. 그리하여 그의 의지는 '주의 율례'에 묶이게 되고, 예수 그리스도 안에 있는 진리와 하나가 된다. 하지만 이 기도에는 "저를 버리지 마소서"라는 기도가 뒤따라야 한다(루터, 1521년). 그래야만 우리의 연약한 의지를 성령께서 굳세게 붙들어 주실 것이기 때문이다. 그리고 나서는 "잠시라도 저를 버리지 마소서"라고 기도해야 한다. 성령을 떠나서는 단 한 순간도 우리가 선과 의로움 가운데 머물 수 없기 때문이다.

그러나 이 "버리다"라는 말 가운데에는 하나님이 마치 히스기야에게 그러셨던 것처럼, 우리의 믿음을 시험하시기 위해 잠시 우리를 떠나실 수도 있다는 가능성이 암시되어 있다. "하나님이 히스기야를 떠나시고 그의 심중에 있는 것을 다 알고자 하사 시험하셨더라"(역대하 32:31). 하나님은 잠시 우리를 떠나심으로써 우리로 하여금 고통과 불운을 체험케 하실 수도 있으시다. 그러므로 우리의 기도는 모든 불행으로부터의 완벽한 보호가 아니라, 비록 연약하고 실족하기 쉬운 존재이지만 우리가 모든 시험을 극복하고 주님께로 다시 돌아 올 수 있도록 "버리지 말아" 주시기를 기원하는 기도가 되어야 한다. "주님, 저를 버리지 마소서." 우리는 오로지 하나님의 임재와 은총을 통하여 힘을 얻을 때에만 그분의 율례를 지킬 수 있다. 우리는 하나님의 계명을 지킬 수 있는 굳센 믿음을 위하여 기도하여야 하며, 이는 오직 주님의 은총을 통해서만 가능한 일임을 잊지 말아야 한다(히브리서 13:9).

결국, 하나님의 은총은 '그분의 시작'에 있으며 우리는 그 '시작'에 의해 '우리 자신의 시작'으로부터 자유롭게 된다. 우리는 하나님의 은총으로 그분의 길을 그리스도와 함께 걸어 갈 수 있다. 그러므로 우리의 발자국 발자국마다 주님의 은총을 기원하는 기도가 아로새겨져야 한다.

지금까지 우리가 살펴 본 말씀들은 물론이려니와 앞으로

살펴보게 될 말씀들 속에는 '주의 법', '주의 말씀', '주의 계명' 등 하나님의 계시에 대한 찬양이 계속해서 울려퍼지고 있다.

9 청년이 무엇으로 그 행실을 깨끗케 하리이까? 주의 말씀을 따라 삼갈 것이니이다.

이 시편으로 기도하고 있는 사람은 젊은이이다(99-100절 참조). 그러므로 이 질문은 노인이 자신의 젊은 시절을 되돌아보며 던지는 질문이 아니다. 이같은 질문은 온갖 유혹의 체험과 하나님의 말씀과의 만남에서 터져 나오는 질문이다. 이 젊은이는 선행이나 고결성에 대한 불타는 열정과 이상주의에서가 아니라, 자신의 나약함과 하나님의 말씀이 지닌 능력에 대한 체험을 바탕으로 자신의 인생에 관하여 엄숙한 질문을 던지고 있다.

흠없이 순결한 길을 묻는 이 질문은 과연 청춘과 자유 그리고 삶에 대한 긍정적인 자세와는 어울리지 않는 것일까? 만약에 그렇게 생각된다면, 우리가 젊음이라는 개념을 부정적으로만 받아들여 왔기 때문에 순진무구한 젊음이 지닌 풍성한 생명력을 이해할 줄 모르기 때문일 것이다. 인생 그 자체, 그리고 궁극적으로 하나님을 알기 위해서는 죄악 속에 깊숙이 빠져 들 필요가 있다는 생각은 터무니없이 그릇된 것이다. 우리는 우리 자신의 체험이 아니라 인류에 대한 하나님의 심판과 예수 그리스도의 십자가 안에 있는 그분의 은총으로부터 인생과 죄를 배워야 한다. 범죄의 체험을 통해 자신을 가르치려는 시도는 반드시 값비싼 대가를 치러야 하는 어리석은 놀음에 불과하다. "너는 청년의 때 곧 곤고한 날이 이르기 전, 나는 아무 낙이 없다고 할 해가 가깝기 전에 너의 창조자를 기억하라"(전도서 12:1). "곤고한 날이 오기 전에 겸손하며, 죄인의 자리에 선기 전에 되돌이키라"(시락 18:21). "청년의 정욕을 피하라"(디모데후서 2:22).

그러므로 불순한 유혹이 항상 도사리고 있는 시절에 흠없고 순결한 길을 갈 수 있다는 것은 스스로의 만족감보다는 하나님께 대한 사랑에서 나오는 아름다운 청춘의 삶이다. 그것은 결코 삶에 대한 포기가 아니라 온전한 삶을 온전한 자세로 추구하는 것이며, 창조주에 대한 순종을 통해서 그분의 창조의 역사를 거룩하게 받드는 것이다. "청년이여, 네 어린 때를 기뻐하며..... 마음에 원하는 길과 네 눈이 보는 대로 좇아 행하라. 그러나 하나님이 이 모든 일로 인하여 너를 심판하실 줄 알라"(전도서 11:9). 젊은 시절부터 온갖 죄악이 몸에 배어버린 사람은 나이가 들어도 거기에서 벗어나기 어려운 법이다. 하나님은 우리가 호흡을 시작할 때부터 우리를 다스리시며, 또한 순간도 우리에게서 눈길을 돌리지 않으신다. 그분은 젊음 그 자체에 관한 우리의 생각이 아니라, 우리의 삶 전체가 그분께 순종하는 삶이었는지만을 우리에게 물으신다.

흠없고 순결한 길을 묻는 이 젊은이의 가슴 속에는 자신의 내면에 상주하는 죄악에 대한 인식이 머리를 든다. 만약에 그렇지 않다면, 그가 이런 질문을 던질 까닭이 없다. 그는 더 이상 인간적인 차원에서는 그 누구에게서도 도움을 받을 길이 없는, 자신의 본성과 마음을 지배하는 죄의 세력을 너무나도 잘 알고 있다. 우리를 흠없고 순결한 길로 인도해 줄 수 있는 것은 우리의 불타는 이상도, 선한 의지도, 심지어는 피나는 노력도 아니고 오로지 하나님의 말씀 뿐이다. 우리를 죄악에서 구원하실 수 있는 분은 오로지 하나님 한 분 뿐이시다. 그분은 예수 그리스도 안에서 우리의 모든 죄를 사하여 주신다(요한복음 15:3). 그리고 우리로 하여금 은총과 심판의 말씀을 깨닫게 해 주시고 우리의 발길을 인도해 주시며 우리에게 날마다 놀라운 은총을 베풀어 주신다. 그러면 유혹과 시험 앞에서 우리는 무엇을 붙들어야 할 것인가? 오직 하나님의 말씀 뿐이다. 그럼으로써 우리는 흠없고 순결한 길을 갈 수 있게 될 것이다.

10 내가 전심으로 주를 찾았사오니
    주의 계명에서 떠나지 말게 하소서.

하나님의 말씀을 받아들이는 사람은 누구든지 오직 하나님만을 바라보아야 한다. 하나님의 말씀이 선명하고 심오하게 우리의 심령에 파고들수록, 그분을 좀더 분명하고 깊이 있게 이해하려는 우리의 갈망은 더욱 커지게 마련이다. 하나님은 당신의 말씀이라는 선물을 통하여, 좀더 풍부한 지식과 좀더 영광스러운 은사를 추구하게끔 우리를 인도해 주신다. 그분은 우리가 헛된 만족감에 사로잡히는 것을 원치 않으신다. 우리는 그분에게서 많은 것을 받을수록 더욱 열심히 그분을 찾아야 한다. 그리고 우리가 그분을 열심히 찾을수록 더 많은 것들이 우리에게 주어질 것이다. "가진 자는 더 많은 것을 받게 되리라." 하나님은 우리가 당신께 온전히 영광을 돌리면서 온전하게 당신의 부요를 누리기를 원하신다. 물론, 우리는 하나님의 말씀 안에서만 그분을 뵈올 수 있다. 그러나 그분의 말씀은 그 안에 하나님 자신이 살고 계시기에 우리에게 무진장한 생명의 원천이 된다. 그러므로 그 말씀에 응답하는 사람은 "제가 전심으로 주님을 찾습니다"라고 말할 것이다. 우상과는 달리, 하나님은 우리에게서 아무 것도 원치 않으시고 단지 "전심으로" 당신께로 나아오는 것만을 원하신다. 이는 그분의 말씀이 우리에게 가르치고 있는 바이다. 그러므로 우리는 "전심으로" 그분을 찾아야 한다.

이제 시편 기자의 관심은 우리가 "계명에서 떠나는 것", 우리를 위해서 시작된 저 길에서 벗어나는 것에 쏠리기 시작한다. 여기서 그가 말하는 '떠남'과 '벗어남'은 하나님의 계명을 고의적으로 어기는 것을 의미하지 않는다. 우리는 악에 의해 시야가 흐려질 때마다 얼마나 쉽사리 '주의 계명'을 어기게 되는가? 그러면 우리는 엉뚱한 길에 빠져들어가 방황하면서 방향 감각을 잃고 하나님의 계명으로 되돌아 갈 수 있는 길을 찾지 못한다. 그러므로 우리는 부지불식간에 하나님의 길을 벗어나는 죄를 범치 않도록 지켜 주시기를 날마다 주님께 간구하여야 한다(민수기 15:22 이하). 처음에 무의식적으로 그릇된 길을 가다가 거기서 쾌락을 느끼기 시작한 사람은 자신의 실수를 합리화하면서 더욱 더 깊숙이 죄악에 빠져들기 쉽다. 하지만 "전심으로 주를 찾는" 사람은 결코 그분의 길에서 벗어나는 법이 없다.

11 내가 주께 범죄치 아니하려 하여
주의 말씀을 내 마음에 두었나이다.

우리는 하나님의 약속을 머리 속이 아니라 가슴 속에 소중히 품고 다녀야 한다. 그분의 약속의 말씀은 우리가 머리에 든 지식으로 분석할 대상이 아니라 마음 속으로 숙고하여야 할 대상이다. 그것은 우리가 전혀 의식하고 있지 않을 때에도 우리의 마음 속에 살아 숨쉬는 다정한 친구의 말과도 같은 것이다. 하나님의 입에서 나온 약속의 말씀은 성령께서 지성소 안에 계시듯 우리의 영혼 깊숙한 곳에 내주하여야 한다. 그러므로 우리는 하나님의 말씀을 무조건 많이 읽으려고 하기보다는 그분의 말씀을 조금씩, 그리고 천천히 읽으면서 그것이 우리의 영혼 깊숙한 곳까지 스며들기를 기다리는 자세가 필요하다.

12 찬송을 받으실 여호와여!
주의 율례를 내게 가르치소서.

여기에는 인간적인 순결성과 경건함이 들어설 자리가 전혀 없다. "찬송을 받으실 여호와여!" 오로지 우리에게 새로운 '시작'을 허락하시고 당신의 말씀을 계시해 주시며 우리로 하여금 당신의 말씀 안에서 살게 해 주시는 하나님, 그리고 우리를 죄악에서 구원해 주시는 하나님만이 찬양을 받으시리로다. 우리의 길에는 오직 하나님께 대한 찬양만이 있을 뿐이다. 우리의 모든 확신과 힘은 이와 같은 찬양에서 비롯된다. "내가 그의 입술의 명령을 어기지 아니하고 그 입의 말씀을 귀히 여겼구나"(욥기 23:12). 하나님을 찬양하는 우리의 입술은 우리가 그분에게서 무엇을 받았는지를 고백한다. 그리고 그분께 무엇인가를 구하는 우리의 입술은 우리에게 무엇이 부족한지를 고백한다. 하지만 우리가 살아 있는 한, 하나님의 은총에 대한 우리의 찬양은 영원히 계속될 것이다.

13 주의 모든 규례를
나의 입술로 선포하였으며

하나님의 입에서 나온 심판의 선언을 과연 우리의 입술로 선포할 수 있겠는가? 대체로 하나님의 말씀을 마음 속에 간직하기는 쉬워도 그 말씀을 우리 입술로 선포하기란 그리 쉬운 일이 아니다. 물론, 여기서 말하고 있는 '규례'는 우리의 마음을 가득 채우고 있는 주님의 메시지를 뜻한다. 하지만 우리는 다른 사람들에 대한 두려움과 거짓된 겸손 때문에 입술이 닫혀 있을 때가 너무나 많다. 그래서 경고와 권면, 위로와 격려를 필요로 하는 사람들에게 우리의 입술은 끝까지 침묵을 지키게 된다. 예수 그리스도의 이름이 우리의 입술을 통해 나오기까지 얼마나 많은 망설임과 고민의 과정을 거쳐야 하는가! 영적인 잔소리꾼, 지겨운 수다쟁이가 되지 아니하고 "주의 모든 규례를 선포할" 수 있기 위해서는 많은 영적 체험과 수행, 그리고 어린아이와 같은 믿음과 확신이 필요하다. 그리고 우리의 입술이 온전히 예수 그리스도께 봉사할 수 있으려면 우리의 마음이 오로지 하나님의 말씀만을 붙들고 있어야 한다.

14 **내가 모든 재물을 즐거워함과 같이
주의 증거의 도를 즐거워하였나이다.**

하나님의 길을 가는 사람에게는 항상 '즐거움'이 함께한다. 우리는 마태복음에서, 밭에 묻혀 있는 보물을 발견한 사람에 관한 이야기를 읽을 수 있다. 그는 그 보물을 다시 묻어 두고 기뻐하며 돌아가서 있는 것을 다 팔아 그 밭을 샀다(마태복음 13:44). 거룩한 보물에 비하면 세상의 모든 보화와 부는 초개와도 같은 것이다. 그렇다, 그는 그 보물에서 자신이 구하는 모든 것을 얻을 수 있었다.

하나님의 길을 발견한 사람은 그분 안에서 온갖 풍성함을 얻기 위하여 자신의 재물을 아낌없이 포기할 줄 알아야 한다. 하나님의 말씀을 받아들이는 사람에게는 기쁨과 즐거움이 찾아 온다. 그것은 하나님과의 친교를 회복하는 데서 오는 즐거움이자 죄와 공포로부터 해방된 데서 오는 즐거움이다. 또한 그것은 길을 잃고 어두운 밤길을 헤매다가 다시금 바른 길을 찾은 사람의 즐거움이다. 하나님은 우리를 위해서 축제의 즐거움을 예비하시고 그분 스스로가 모든 기쁨과 즐거움의 원천이 되신다. 그렇다, 그분은 기쁨 그 자체이시다. "마치 청년이 처녀와 결혼함 같이 네 하나님이 너를 기뻐하시리라"(이사야 62:5). "그가 너로 인하여 기쁨을 이기지 못하여 하시며 너를 잠잠히 사랑하시며 너로 인하여 즐거이 부르며 기뻐하시리라"(스바냐 3:17).

우리는 하나님이 당신의 백성들의 믿음과 구원으로 인하여 기뻐하시는 바로 그 축제의 자리에 초대받고 있다. 하나님의 말씀은 그 자체가 우리에게 엄청난 기쁨으로 다가온다. 누가

복음에는 예수 그리스도 안에서 성육신한 하나님의 말씀에 대한 엄청난 기쁨의 선언이 기록되어 있다. "보라, 내가 온 백성에 미칠 큰 기쁨의 좋은 소식을 너희에게 전하노라"(누가복음 2:10). 주님께서 이 땅 위에서 사역하시던 날들은 마치 결혼식날 새벽과도 같았다(마가복음 2:19, 누가복음 19:6). 하늘에서는 죄인 한 사람의 회개와 구원을 여러 의인들의 구원보다 더 기뻐할 것이다(누가복음 15:7,10). 주님의 부활과 승천은 제자들을 기쁨에 넘치게 하였고(마태복음 28:8, 누가복음 24:41,52, 요한복음 20:20). 초대교회는 기쁜 마음으로 음식을 함께 먹으며 하나님을 찬양하였다(사도행전 2:46).

하나님의 말씀이 있는 곳에는 반드시 기쁨이 있다. 예수께서는 아버지께로 가시기 위해 제자들을 떠나시면서 이렇게 말씀하셨다. "내가 이것을 너희에게 이름은 내 기쁨이 너희 안에 있어 너희 기쁨을 충만케 하려 함이니라"(요한복음 15:11). 하나님의 말씀을 듣는 사람들은 기쁨에 넘치게 된다. 하나님은 우리에게서 기쁨을 원하신다. 하지만 그것은 어디까지나 그분 앞에서 "두려워 떠는" 가운데 누리는 기쁨이다. 하나님의 말씀은 모든 기쁨의 원천이며, '주의 증거의 도'는 하나님 자신이 걸어 오셨고 우리와 함께 걷고 계신 길이기에 기쁨으로 가득찬 길이다. 하나님이 우리와 함께하시는 곳에 기쁨이 있고, 이 기쁨은 그 누구도 우리에게서 빼앗아 갈 수 없는 것이다(요한복음 16:22). 그러나 고난과 박해의 때에는, 이 기쁨이 우리보다 앞서 가신 분의 약속의 말씀 속에서 전혀 다른 차원의 빛을 발하게 된다. "나를 인하여 너희를 욕하고 핍박하고 거짓으로 너희를 거스려 모든 악한 말을 할 때에는 너희에게 복이 있나니 기뻐하고 즐거워하라. 하늘에서 너희의 상이 큼이라"(마태복음 5:11 이하). 이것이 바로 예수를 따르는 사람들이 물려 받을 위대한 유산이다.

반면에, 하나님의 길을 가려고 하지 않거나 갈 수 없는 사람들은 기쁨 대신에 슬픔을 체험하게 될 것이다(마태복음 9:22, 17:23). "복음을 받아들이지 않는 사람에게는 기쁨도, 십자가의 구원도 없다. 그는 복음이라는 보배를 경멸하면서 자신의 죄악된 본성에 머물러 있다"(루터).

15 내가 주의 도를 묵상하며
주의 도에 주의하며

우리는 결코 한 곳에 머물러 있을 수만은 없다. 우리가 받는 은사와 지혜는 우리를 하나님의 말씀 더욱 깊숙한 곳으로 이끌어 간다. 하나님의 계명을 올바르게 이해하기 위해서는 충분한 시간을 갖고 그분의 말씀에 의지하여 깊은 명상에 잠길 필요가 있다. 명상이나 자기 성찰의 가치를 부인하는 행동주의나 자만심처럼 어리석은 것은 없다. 하나님은 당신의 길을 가고자 하는 사람들에게 신속한 행동을 요구하실 때도 있지만 침묵과 자기 성찰을 더 중요하게 여기신다. 그러므로 우리는 어떤 한 단어를 정확히 이해하기 위해서 몇 시간, 때로는 며칠까지라도 묵상하며 기도할 줄 알아야 한다.

상당히 성숙한 그리스도인이라 할지라도 자기에게는 더 이상 명상이 필요치 않다고 자만할 수는 없다. 또한 훨씬 더 급한 일들 때문에 명상에 시간을 할애할 수 없노라고 발뺌해서도 아니된다. 하나님의 말씀은 우리의 시간을 요구한다. 하나님 자신이 시간 속으로 들어오셔서, 우리의 시간을 당신께 바치기를 지금 우리에게 명하신다. 그리스도인이 되기 위해서는 상당한 시간이 필요한 법이다. 하나님은 우리에게 성경을 주심으로써 당신의 말씀으로부터 우리가 당신의 뜻을 깨달아 알게 해 주셨다. 우리는 날마다 새롭게 하나님의 말씀인 성경을 읽고 명상하여야 한다. 그러므로 하나님의 말씀을, 언제든 우리가 원하기만 하면 손에 넣을 수 있는 위대한 저작 선집 정도로 생각해서는 안 된다. 무궁무진한 해석의 가능성 속에서 날마다 새롭게 우리에게 다가오는 것이 바로 하나님의 말씀이다. 하나님의 계명을 따르고자 하는 사람에게는 명상(성경 말씀을 기도하는 마음으로 숙고하는 것)과 해석이 모두 중요하다. 그러므로 이 둘 가운데 어느 하나를 게을리하는 신학자는 자신의 직무를 유기하고 있는 것이다. 여기에 필요한 시간은 우리 모두에게 반드시 주어질 것이다. 명상은 하나님의 말씀을 기도하는 마음으로 숙고하면서 하나님 앞에 우리의 마음을 열어 놓는 것을 의미한다. 한편, 해석은 하나님의 말씀으로서 성경에 씌어진 내용들을 이해하고 느끼는 것을 의미한다. 이 둘은 서로 불가분의 관계에 있으며, 우리가 날마다 행하는 수행과 자기 성찰의 핵심이 된다.

하나님의 계명을 알고자 하는 사람은 자신의 처지와 자기 자신이 아니라 오직 '하나님의 도(道)'에 주목하여야 한다. 오로지 하나님이 예수 그리스도 안에서 우리를 위해 이루어 놓으신 역사—예수 그리스도의 성육신과 십자가와 부활—만이 우리의 길을 결정할 수 있기 때문이다. "값으로 산 것이 되었으니, 그런즉 너희 몸으로 하나님께 영광을 돌리라"(고린도전서 6:20). "너희는 값으로 사신 것이니 사람들의 종이 되지 말라"(고린도전서 7:23).

16 주의 율례를 즐거워하며
주의 말씀을 잊지 아니하리이다.

우리의 마음이 하나님의 말씀에서 멀어지고, 당장에 우리에게 필요한 말씀을 찾지 못하는 까닭은 무엇인가? 어째서 먹고 마시고 자는 것은 잊지 않으면서 하나님의 말씀은 그토록 자주 잊어버리는 것일까? 이는 아직도 우리가 이 시편 기자처

럼 "주의 율례를 즐거워할" 줄 모르기 때문이다. 하나님의 말
씀을 잊고 안 잊고는 우리의 생각의 문제일뿐더러 우리의 마
음을 포함한 우리의 존재 전체가 관련된 문제이다. 우리의 삶
과 영혼이 전적으로 의존하고 있는 것을 어떻게 잠시라도 잊
을 수 있겠는가? 우리가 하나님의 말씀과 그분의 피조물들 가
운데 나타나 있는 그분의 법을 사랑하기 시작할 때, 그 법은
잠시도 우리를 떠나지 않고 우리의 마음 속에 자리잡게 될 것
이다. 오로지 사랑만이 잊는 것을 막아 준다.

하나님의 말씀은 과거의 역사 속에서 우리에게 주어진 것
이고, 우리가 그 말씀을 잊지 않으려면 이미 배운 말씀이라
할지라도 날마다 반복해서 읽을 필요가 있다. 그리고 우리가
앞으로 전진하기 위해서는 날마다 하나님의 구원의 역사 앞
에 나아가야 한다. 그러므로 성경은 우리에게 "잊지 말라!"고
엄중하게 경고한다. "그 모든 은택을 잊지 말지어다"(시편
103:2). "너는 조심하여 너를 애굽 땅 종 되었던 집에서 인도
하여 내신 여호와를 잊지 말고....."(신명기 6:12-6장 전체를 읽
도록 하라!) "예수 그리스도를 기억하라"(디모데후서 2:8). 믿음
과 순종은 우리의 기억과 반복적인 수행을 통해 성장한다. 우
리의 기억이 지금 이 순간 우리에게 큰 힘이 되는 까닭은, 우
리를 위하여 과거에 엄청난 역사를 이루어 놓으신 바로 그 하
나님이 오늘날 당신의 역사를 우리에게 확신케 하시는 살아

계신 하나님이시기 때문이다. 과거란 원래 무심한 법이다. 그러나 과거의 어느 순간엔가 어떤 결정적인 사건이 '나를 위하여' 일어났고, '나를 위하여' 일어난 그 사건을 우리가 믿음으로 받아들인다면, 과거는 바로 이 순간 현재 속에서 살아 숨쉬게 된다. "믿음 없이는 '나를 위하여'라는 말을 할 수 없다"(루터).

우리의 구원은 우리 자신에게서 비롯되지 아니하고 우리의 의는 오로지 예수 그리스도의 의일 뿐이며, 그 의는 하나님의 말씀을 통해 우리에게 선포된다. 그러므로 하나님의 축복을 받으려면 그분의 말씀을 기억하고 반복해서 숙고하여야 한다.

우리는 날마다 예수 그리스도를 기억함으로써, 하나님이 우리를 태초로부터 사랑하셨으며 지금까지 단 한 순간도 우리를 잊지 않으셨다는 확신을 갖게 된다(이사야 49:14 이하). 하나님이 우리를 사랑하시기에 우리를 잊지 않으신다는 사실은 우리로 하여금 그분의 말씀 속에 계시된 기쁨과 사랑을 체험하게 해 준다. 그래서 결국 우리는 "주의 말씀을 잊지 않으리이다"라고 고백하게 된다.

17 주의 종을 후대하여 살게 하소서.
    그리하시면 주의 말씀을 지키리이다.

이 시편 기자는 지금 풍성한 삶을 기원하고 있다. 삶은 하나님으로부터 받은 좋은 선물이다. 삶은 어떤 목표를 이루기 위한 수단이 아니라, 그 자체로서 완벽한 존재 가치를 지니고 있다. 하나님은 우리를 살게 하시려고 우리를 창조하셨고, 또한 우리를 살게 하시려고 구원과 화해를 허락하셨다. 그분은 결코 시체더미 위에서 승리를 거두려 하지 않으신다. 이상은 삶을 위하여 존재하며, 삶이 이상을 위해 존재하는 것은 결코 아니다. 만약에 삶이 어떤 이상을 위한 수단으로 전락한다면, 진실된 삶(하나님의 창조와 구속을 받은 삶)은 고통 속에서 철저하게 왜곡되고 말 것이다. 어떤 지고(至高)하고 선한 목표는 삶의 저편에서, 또는 삶을 부정함으로써만 성취될 수 있다. 그럼에도 불구하고 우리가 하나님 안에서 생명을 얻기 전까지는 삶 대신에 이상을 더 사랑하고 숭배해 온 것이 사실이다.

하나님을 벗어난 이 땅 위의 삶은 고통의 연속일 뿐이다. 오로지 그분에게서 비롯된 삶만이 실재와 당위 사이의 모순을 극복하고 우리로 하여금 풍성한 열매를 누릴 수 있게 해 준다. 우리의 삶은 하나님의 은총에, 그리고 우리의 죽음은 그분의 심판에 직결된다. 하나님의 은총을 받을 수 있는 시간이 허락되었기에 우리의 삶은 곧 그분의 선물일 수밖에 없다. 하나님의 말씀이 우리와 함께하는 한 우리의 삶에 주어진 시간은 은총의 시간이 된다. 하나님의 말씀은 결코 현재 우리의 삶 저너머에 있는 것이 아니다. 그리고 우리의 삶을 어떤 목표를 위한 수단으로 전락시킴으로써 그 가치를 축소시키거나 왜곡하는 법도 없다. 하나님의 말씀은 오히려 모순된 관념의 지배에서 우리의 삶을 보호해 준다. 그분의 말씀은 그 자체로서 지고한 가치를 지닌, 우리 삶의 등불이자 목표이다. 그러므로 우리는 하나님의 자녀로서 그분께 풍성한 삶을 기원한다. 우리의 삶은 그분의 말씀을 지켜 나가는 가운데 더욱 보람되고 더욱 풍성한 삶이 될 것이다.

18 내 눈을 열어서
    주의 법의 기이한 것을 보게 하소서.

하나님이 우리에게 보여 주시려는 것을 보기를 원하는 사람은 육신의 모든 감각이 눈을 감아야 한다. 하나님은 우리가 당신의 말씀에 눈뜨게 되기를 원하실 때에는 먼저 우리의 눈을 소경으로 만드신다. 그러시고 나서 다시금 우리의 보이지 않는 눈을 열어 주시는데, 이 때 우리는 다른 방법으로는 결코 깨닫지 못했을 놀라운 사실-하나님의 법이 엄청난 경이로 가득차 있음-을 깨닫게 된다. 만약에 하나님이 우리로 하여금 당신의 말씀 한 마디 한 마디가 신비와 경이로 가득차 있다는 사실을 깨닫게 해 주시지 않는다면, 어떻게 우리가 이 기나긴 시편을 날마다 반복해서 읽으며 명상과 기도 생활을 계속해 나갈 수 있겠는가? 만약에 하나님의 말씀이 지닌 놀라운 영광과 심오함을 들여다보고자 갈망하는 눈이 우리에게 없다면, 어떻게 우리가 날마다 그 말씀을 우리의 삶 속에서 지켜 나갈 수 있겠는가?

인간의 이성에 비추어 볼 때에는 아마도 하나님의 말씀이 조금만 노력하면 쉽사리 배울 수 있는 삶의 준칙 정도로, 그리 놀라웁지도 않고 깊이 생각할 가치가 없는 것으로 보일지 모른다. 이런 입장에서는 결코 '열린 눈'에 대한 갈망이 있을 수 없다. 하지만 만약에 하나님이 우리를 칠흑같은 어둠 속으로 데려가시어 아무 것도 볼 수 없게 만드시거나, 만약에 우리가 자신의 욕망과 죄 때문에 육안으로는 아무 것도 식별할 수 없는 지경에 이른다면 어떻게 되겠는가? 그러면 우리는 아마도 빛을 비춰 달라고 울부짖기 시작할 것이다. 오직 앞이 보이지 않는 사람만이 빛을 갈구하며 다시 보게 해 달라고 울부짖는 법이다. 그런데 하나님의 말씀을 그토록 소중히 여기는 이 시편 기자가 소경이란 말인가? 실제로, 하나님의 말씀이 지닌 경이로움을 잠시라도 체험한 사람은 자신이 아직도 얼마나 소경과 같은 존재이며 칠흑같은 어둠 속으로 다시 떨어져 들어가지 않기 위해서는 얼마나 많은 노력과 주의가 필요한지를 잘 알고 있다. 아침에 눈을 뜰 때와 밤에 눈을 감을 때, 우리는 하나님이 우리 마음의 눈을 밝혀 주시어 우리의 육안이 대낮의 환상에 미혹되거나 밤의 악몽에 시달리는 일이 없도록 날마다 새로운 마음으로 기도하여야 한다. 그리고 하나님이 우리의 눈을 활짝 열어 주시어 그분의 법이 지닌 경이로 언제나 차고 넘치게 해 주시기를 간절한 마음으로 기원하여야 한다.

우리는 마치 소경 바디매오가 예수께서 여리고성을 지나가신다는 말을 들었을 때 그랬던 것처럼 할 수 있어야 한다. 그는 조용히 하라고 여러 사람이 꾸짖음에도 불구하고 더욱 큰 소리로 자기에게 자비를 베풀어 주실 것을 예수께 간청하였다. 이에 예수께서 "나에게 바라는 것이 무엇이냐?" 하고 물으시자 그는 "선생님, 제 눈을 뜨게 해 주십시오" 하였다. "가라. 네 믿음이 너를 살렸다." 예수의 말씀이 떨어지자 곧 소경은 눈을 뜨고 예수를 따라 나섰다. 그러나 서서히 단계적으로 시력을 되찾았던 벳세다 소경의 경우처럼(마가복음 8:22 이하), 우리의 눈이 단계적으로 열리면서 서서히 감각이 살아날 수도 있다.

그러나 실제로는 소경이면서도 스스로 볼 수 있다고 자만심에 가득 찬 사람에게는 더 이상 도움의 여지가 없다. 그는 결국 어두움 속에서 파멸할 수밖에 없다(요한복음 9:40 이하). 하나님의 말씀에 비추어 자신이 소경임을 깨닫는 것과 열린 눈으로 기도할 줄 아는 것 역시 하나님이 주시는 은총의 선물들 가운데 하나이다.

하나님이 당신의 말씀을 볼 수 있도록 눈을 열어 주신 사람은 매우 경이로운 세계를 볼 수 있다. 죽었다고 보이던 것들이 생명력으로 넘쳐나고, 모순되게 보이던 것들이 고차원적인 조화를 이루게 되고, 가혹한 명령이라고 생각되던 것들이 은총의 인도하심으로 받아들여지기 시작한다. 그는 인간의 언어 속에서 하나님의 영원한 말씀을 듣고, 과거의 역사 속에서 지금 자신과 함께하고 계시는 하나님의 놀라운 구원의 역사를 체험한다. 하나님은 위로의 말씀을 통해 견디기 어려운 짐을 가벼운 멍에로 바꾸어 주신다. 우리가 하나님의 법에서 발견하게 되는 경이 중의 경이는 바로 우리 주 예수 그리스도의 계시이다. 그분을 통해 옛 글들이 현실로 구현되고, 모순된 개념들이 조화를 이루고, 하나님의 계시에 깊이가 더해진다. 주여, 저의 눈을 열어 주소서.

19 나는 땅에서 객이 되었사오니
주의 계명을 내게 숨기지 마옵소서.

하나님의 말씀은 나를 이 땅의 나그네로 만들었다. 그분의 말씀은 나를 약속의 땅에서 이방인으로 살았던 여러 믿음의 조상들의 반열에 들게 했다(히브리서 11:9). 아브라함은 그가 살던 고향땅을 떠나 약속의 땅으로 가라는 하나님의 명령에 순종하였다. 그러나 나이가 들고 아내 사라가 죽은 후, 그에게는 단지 "나그네요 우거한 자"로서 묻힐 약간의 땅만이 약속의 땅에서 허락되었다(창세기 23:4). 야곱은 애굽의 바로 앞에서 그의 인생 전체가 고달픈 나그네 길이었으며 비록 그의 조상 이삭과 아브라함이 걸었던 길만큼 멀지는 않아도 훨씬 더 험난한 길이었다고 고백하였다(창세기 47:9). 그리고 이스라엘의 자손들이 가나안 땅에 정착하게 되었을 때에도, 자신들이 나그네였으며 지금도 여전히 나그네 신세임을 결코 잊지 말도록 가르침을 받았다. 그들은 애굽에서 나그네였고(출애굽기 22:20), 그 때까지도 여전히 자신들의 땅이 아닌 하나님의 땅에서 "나그네요 우거한 자"로 남아 있었다(레위기 25:23). 다윗은 그의 전성기에 다음과 같은 말을 함으로써 자신을 이와 같은 나그네 조상들의 반열에 합류시켰다. "주 앞에서는 우리가 우리 열조와 다름없이 나그네와 우거한 자라. 세상이 있는 날이 그림자 같아서 머무름이 없나이다"(역대상 29:15).

나는 이 땅의 나그네이다. 그러므로 이곳에 잠시 머물다 갈 신세임을 고백할 수밖에 없다. 집도 재산도 내 안중에 없다. 내가 좋아하는 것들은 감사함으로 받아야 하겠지만, 아무도 나서 주지 않는 가운데 불의와 폭력을 참아 내기도 해야 한다. 나는 사람이나 물건에 애착을 갖지 않는다. 나그네로서, 나는 내가 머무는 곳의 법에 복종한다. 나를 먹여 살리는 대지(大地)는 나의 노력과 수고에 대하여 정당한 권리가 있다. 나는 이 땅의 나그네로서 대지를 사랑하고 다만 거기에 감사할 뿐이다. 하지만 이것이 이 땅 위에서의 삶을 한낱 백일몽으로 돌려 버린 채 천상의 일들을 꿈꾸면서 하나님이 나에게 맡겨 주신 소명을 저버릴 수 있는 이유가 되지는 못한다.

나는 하나님의 구원의 약속이 구현되기를 간절히 고대하면서도 이 세상의 온갖 일들과 사람들의 희로애락을 외면할 수 없다. 나의 본향이 이 땅이 아님을 잘 알면서도 이 땅이 하나님의 것임을 알고 있기 때문이다. 그러나 아무런 권리도, 머물 곳도, 안정된 삶도 보장해 주시지 않은 채 나를 이처럼 보잘 것 없고 허약한 존재로서 이땅의 나그네요 식객으로 보내 주신 하나님은 한 가지 확실한 담보-그분의 말씀-를 나에게 주셨다. 하나님은 결코 이 선물을 나에게서 다시 빼앗아 가지 않으실 것이다. 그분은 당신께서 나에게 하신 약속을 반드시 지키실 것이고, 당신의 말씀 가운데에서 당신의 능력을 보여 주실 것이다. 하나님의 말씀이 나와 함께하시는 한, 나는 낯선 땅에서도 바른 길을 찾을 수 있다. 불의가 판치는 곳에서 정의를, 비참한 처지에서도 인내와 용기를 찾을 수 있다.

"주의 계명을 내게 숨기지 마옵소서." 바로 이것이 낯선 땅에서 나그네 된 자의 기도이다.

하나님의 뜻과 부르심에 따라 이 땅의 나그네가 된 사람들에게는 단지 한 가지 두려움만이 있다. 그것은 자신들이 하나님의 뜻을 더 이상 깨닫지 못하고 하나님이 그들에게 요구하시는 바가 무엇인지를 알지 못하게 되면 어쩌나 하는 두려움이다. 실제로, 하나님은 우리의 삶의 여정 가운데, 또는 인류의 역사 속에서 행하시는 당신의 역사 가운데 그 모습이 감춰어져 있을 때가 많으시다. 하지만 이것이 우리의 두려움의 대상은 아니다. 우리가 두려워하는 것은, 하나님께서 계시해 주신 계명을 이해하지 못하여 우리가 하여야 할 바를 그분의 말씀을 통해 더 이상 깨닫지 못하게 되는 것이다. 하나님의 계명에 대한 행복한 확신 속에서도, 언젠가 갑자기 하나님이 당신의 계시를 우리에게 감춰 버리시면 어쩌나 하는 두려움이 우리를 엄습해 온다. 만일 그렇게 된다면, 우리는 허무하게 붕괴될 것이며 낯선 땅에서의 첫걸음부터 실족하여 넘어지게 될 것이다.

이 때 우리는 하나님이 당신의 계시를 철회하셨다는 사실조차 깨닫지 못할 정도로 우리 자신이 세워 놓은 원칙들을 지나치게 고수하지 않았는지 스스로에게 물어야만 한다. 자신이 세운 원칙에 따라 사는 사람에게는 결코 하나님의 계명이 함께해 주지 않는다. 하나님의 계명은 우리가 하루 하루를 살아감에 있어서 그분이 우리에게 들려 주시는 사랑의 메시지이다. 물론, 하나님의 계명은 영원히 변함없는 진리이므로 오늘

다르고 내일 다른 것이 아니다. 자신이 세운 원칙을 따라 사는 사람에게는 이 시편 기자의 기도가 전혀 이해되지 않을 것이다. 그러나 하나님께 길을 보여 주시기를 기원하는 사람은 그분의 은총과 다음 말씀에 대한 기대감 속에서, 그분의 입에서 흘러나오는 말씀 한 마디 한 마디에 전율하게 될 것이다. 그리하여 그는 자신의 모든 삶과 결정을 오로지 주님의 은총에만 의지할 것이고 이 세상 그 누구도 이와 같은 하나님과의 살아 있는 친교로부터 그를 떼어 놓을 수 없게 된다.

"주의 계명을 내게 숨기지 마소서." 이는 오직 하나님의 계명을 아는 사람의 마음에서만 터져 나올 수 있는 외침이다. 하나님은 우리에게 당신의 계명을 알게 해 주셨다. 그러므로 그분의 뜻을 몰랐다는 변명은 가당치 않은 것이다. 하나님은 우리가 해소되지 않는 갈등 속에서 살아 가거나 우리의 삶이 도덕적인 비극 상태에 떨어지는 것을 결코 용납지 않으신다. 그분은 당신의 뜻을 우리에게 분명히 알려 주시면서 그 뜻에 따라 살아 갈 것을 명하시고, 거기에 불순종하는 자들을 벌하신다. 사정은 우리가 생각하는 것보다 훨씬 더 단순할 수도 있다. 우리가 하나님의 계명을 모른다는 것이 문제가 아니라 우리가 그 계명을 지키지 않는다는 것이 문제이다. 물론, 그러한 불순종이 쌓여 갈수록 계명에 대한 우리의 인식도 점점 더 흐려지게 마련이다. 바로 이것이 우리가 처한 상황이다. 여기서 이 시편 기자는 하나님이 당신의 계명을 숨기셨다고 말하고 있는 것이 아니라, 그분의 은총으로 그 계명을 숨기지 말아 주시기를 간구하고 있는 것이다. 우리에게 은총으로 내려 주신 계명을 숨길 것인지 말 것인지는 오직 하나님만이 결정하실 일이다. 하지만 그렇다고 해서 우리가 좌절할 필요는 없다. 그 대신 우리는 갈급하고 끈기있는 기도로 더욱 하나가 되어야 한다. "주의 계명을 내게 숨기지 마옵소서."

20 주의 규례를 항상 사모함으로
나의 마음[영혼]이 상하나이다.

'주의 규례'를 사모하는 사람은 그분의 말씀에 대한 열망에 압도된 나머지 자신의 영혼에 큰 상처를 입게 된다. 그리고 그와 같은 열망은 마침내 그 영혼의 죽음을 초래한다. 이제 그의 내면에는 그의 영혼이 아니라 하나님의 말씀을 사모하는 열망만이 살아 움직이면서 다른 모든 소망과 욕구를 침묵케 한다. 그의 영혼은 모든 생각과 순간들이 그 열망에 의해 채워지는 것을 막을 수 없다. 자신의 모든 인간적인 욕구들에 대한 하나님의 뜻을 보고, 알고, 이해하기 위하여 그의 영혼은 이제 모든 것들을 희생제물로 바쳐야 한다. 하나님을 향한 이같은 열망이 우리를 압도해 올 때, 우리의 영혼은 고통을 느끼며 쓰러지고 그 정교한 구조가 파괴된다. 누구든지 약속의 땅을 향하여 나아가는 사람은 먼지나 땀이나 일신상의 위험이 아니라 오로지 그 목적지에 대해서만 관심을 갖는다.

하나님의 말씀을 향한 열망은 우리의 영혼에서 비롯된 것이 아니기 때문에, 영혼의 흔들림처럼 단시간에 지나가 버리지 않는다. 그것은 사랑하는 연인에 대한 영혼의 열망과는 비교될 수 없다. 우리의 영혼을 상하게 할 정도의 하나님을 향한 열망은 "항상" 지속된다. 그것은 하나님 자신으로부터 우리에게 온 것이기 때문에 영원한 것일 수밖에 없다. 그것은 또한 하나님의 말씀에 "순간적"으로 감동을 느끼는 것과도 관계가 없다. 이같은 경우는 "순간적"이라는 표현과 "항상"이라는 표현에 의해 명백히 구별될 수 있다. 하나님의 말씀에 대한 열망은 말씀 안에서 끝까지 참고 기다리는 것-경건한 감정의 일시적인 분출이 아니라-을 그 특징으로 한다.

그러므로 우리는 이 열망과 영혼이 느끼는 고양된 종교적 감정을 혼돈하는 일이 있어서는 안 된다. 여기서 시편 기자가 말하고 있는 것은 그러한 열망에 의해 상처입고 파괴되는 영혼의 체험이기 때문이다. 그것은 종교적 황홀경에서 오는 행복감과는 전혀 다르다. 그것은 우리가 인간의 오만한 뜻이 승리하는 것을 눈 앞에서 보면서도 하나님의 뜻에 끝까지 희망을 걸고 의지하고, 비록 낯선 땅을 떠돌더라도 본향을 기억하며, 우리의 죄악된 삶과 온갖 고통 속에서도 하나님의 손길

을 벗어날 수 없음을 깨닫고, 인간의 이성과 경험이 하나님의
존재를 부인하더라도 끝까지 그분을 신뢰하고 따르며, 우리
의 죽음 앞에서도 하나님의 말씀이 우리에게 힘이 되어 주신
다는 사실을 굳게 믿는 것을 의미한다. 하나님의 말씀을 향
한 열망을 이렇게 이해할 때, 우리는 여기서 시편 기자가 사
용한 "항상"이라는 표현이 결코 과장된 표현이 아님을 알게
될 것이다.

> 21 교만하여 저주를 받으며
>   주의 계명에서 떠나는 자를
>   주께서 꾸짖으셨나이다.

하나님은 자비와 정의에 관심이 없고 당신의 말씀과 신실
한 사람들을 경멸하는, 오만하고 자만심에 가득찬 사람들을
싫어하신다. 하나님 앞에서의 교만은 모든 불순종과 폭력과
무책임성의 뿌리이다. 교만한 자는 반역과 파괴를 일삼는다.
그러나 모든 교만과 자만심에 대하여는 엄중한 경고가 주어진
다. 그것은 교만한 자 자신은 깨닫지 못하지만 신실한 사람들
은 항상 마음 속에 간직하고 있는 복음의 경고이다. "하나님
이 교만한 자를 대적하시되 겸손한 자들에게는 은혜를 주시느
니라"(베드로전서 5:5). 하나님이 나약하고 겸손한 사람들과 함
께하신다는 것을 보여 주는 예수 그리스도의 십자가는 오만한

자들에 대한 하나님의 책망 그 자체이다. 오만한 자들은 세상에서는 승리할지 몰라도 하나님 앞에서는 마침내 멸망하고야 말 것이다.

복음을 믿는 사람들은 누구나 하나님의 말씀이 교만한 자들을 책망하고 있음을 알고 있다. 하나님은 당신의 말씀과 함께 능력의 역사를 일으키신다. 우리는 역사 한복판에서 교만한 자들의 몰락과 멸망을 보면서 하나님의 책망과 능력의 역사에 놀라 떨지 않을 수 없다. 하지만 눈에 보이는 하나님의 심판은 교만한 자들과 무죄한 사람들이 함께 멸망하는 경우도 있고 우리가 정확하게 인식하지 못할 때도 있기 때문에 섣불리 판단하기가 매우 어렵다. 오직 오만한 자들을 책망하는 하나님의 말씀만이 논쟁의 여지가 전혀 없이 명백하다. "주의 계명에서 떠나는 자를 주께서 꾸짖으셨나이다." "이 율법의 모든 말씀을 실행치 아니하는 자는 저주를 받을 것이라"(신명기 27:26). 이 말씀은 우리를 향한 말씀일 수도 있다. 하나님의 법을 지키지 않는 자들에 대한 저주는 그분의 권리이며.....

(여기서 본회퍼의 자필 원고가 끝난다.)

22 내가 주의 증거를 지켰사오니
훼방과 멸시를 내게서 떠나게 하소서.

23 방백들도 앉아 나를 훼방하였사오나
    주의 종은 주의 율례를 묵상하였나이다.

24 주의 증거는 나의 즐거움이요
    나의 모사니이다.

디트리히 본회퍼
(1906년 2월 4일 ~ 1945년 4월 9일)

✳

〈주(註)〉

1. Dietrich Bonhoeffer, 〈Fiction from Prison〉, Eberhard Bethge 편, Ursula Hoffman 역(Philadelphia, 1981), 61. 〈Fragmente aus Tegel. Drama und Roman〉(Munich, 1978), 80-81, David Gracie 역.

2. 〈Dietrich Bonhoeffer: Memories and Perspectives〉, PBS 다큐멘터리, 죠지아주 아틀랜타 '에피스코팔 미디어 센터'에서 입수 가능.

3. Eberhard Bethge, 〈Dietrich Bonhoeffer: Man of Vision, Man of Courage〉, Mosbacher, Ross 공역(New York, 1970), 512.

4. 같은 책.

5. Dietrich Bonhoeffer, 〈Gesammelte Schriften〉, Eberhard Bethge 편(Chr. Kaiser Verlag, Munich), VI:521, IV257, IV:258. (이하 GS로 표기함.) Herbert Pelikan, 〈Die Frommigkeit Dietrich Bonhoeffers〉(Vienna, 1982), 57,64에 인용됨.

6. Dietrich Bonhoeffer, 〈Psalms: The Prayer Book of the Bible〉, James H. Burtness(Minneapolis, 1974)역, 32-33. David Gracie 역(GS: IV:555).

7. 같은 책, 11-12(GS: IV:545).

8. 〈Begegnungen mit Dietrich Bonhoeffer: Ein Almanach〉, Wolf-Dieter Zimmermann(Munich, 1964) 편, 120.

9. Bethge, 〈Dietrich Bonhoeffer〉, 571.

10. 같은 책, 580.

11. Dietrich Bonhoeffer, 〈Life Together〉, John W. Doberstein 역(New York, 1954). 원본 〈Gemeinsames Leben〉(Munich, 1939), 46.

12. 같은 책, 47.

13. Bonhoeffer, 〈Psalms〉, 31-32.

14. GS IV:597f. 이 명상 자료의 영역본으로는 John D. Godsey, 〈Preface to Bonhoeffer: The Man and Two of His Shorter Writings〉(Philadelphia, 1965)를 참조하라.

15. Bethge, 〈Dietrich Bonhoeffer〉, 335, 571.

16. Richard Meux Benson, 〈The War Songs of the Prince of Peace〉(London, 1901), I:10, Richard Meux Benson, 〈The Religious Vocation〉(London, 1939), 183.

17. Richard Meux Benson, 〈The Way of Holiness〉(London, 1901), 2.

18. GS II:478-482. 본회퍼의 전기 및 서신 자료로는 다음을 참조하라. Bethge, 〈Dietrich Bonhoeffer〉, 381-383, Karl Barth, GS II:284.

19. GS IV:290-293: Bethge, 〈Dietrich Bonhoeffer〉, 388.

20. GS III:26-31.

21. GS II: 583-585: Bethge, 〈Dietrich Bonhoeffer〉, 656.

22. GS V:434-439: Bethge, 〈Dietrich Bonhoeffer〉, 79.

23. GS IV:391-399, Bethge, 〈Dietrich Bonhoeffer〉, 13.

24. GS IV:223-224, Bethge, 〈Dietrich Bonhoeffer〉, 413,344.

25. GS IV:456-460, Bethge, 〈Dietrich Bonhoeffer〉, 201,420.

26. GS IV:413-422, Bethge, 〈Dietrich Bonhoeffer〉, 483-489.

27. GS IV:595-596, Bethge, 〈Dietrich Bonhoeffer〉, 703,554,560,565.

28. GS IV:505-543, Bethge, 〈Dietrich Bonhoeffer〉, 497, 388-389.